U1075206

传承有道

缔造家族企业的百年辉煌

杨一波 / 著

机械工业出版社
CHINA MACHINE PRESS

本书是杨一波先生多年从事家族企业走访、研究，提炼出的一部家族企业缔造百年基业的案例教科书，从接班人培养、股权关系与家风业规三个独特视角解读家族企业的传承之道。通过对九个家族企业传承案例的客观阐释，分析它们的传承成功因素和存在的问题，帮助家族企业创始人、管理者和家族成员更好地了解家族企业如何筹划接班事项，如何选择、培养接班人，如何分配股权、财富以及家风业规树立等方面的具体细节问题及处理方法，进而找到建立家族企业秩序的途径。

本书给家族企业顺利传承、确保基业长青支招，帮助家族企业平稳有序地传承，使得后来者能够延续父辈的基业，继续开疆拓土，创造新的辉煌。

图书在版编目（CIP）数据

传承有道：缔造家族企业的百年辉煌/杨一波著. —北京：机械工业出版社，2016.10（2016.11重印）

ISBN 978-7-111-55108-9

Ⅰ.①传… Ⅱ.①杨… Ⅲ.①家族—私营企业—企业管理—研究 Ⅳ.①F276.5

中国版本图书馆 CIP 数据核字（2016）第 238138 号

机械工业出版社（北京市百万庄大街 22 号 邮政编码 100037）

责任编辑：曹雅君　　封面设计：可圈可点

责任校对：刘云霞　　责任印制：李 洋

保定市中画美凯印刷有限公司印刷

2016 年 11 月第 1 版第 2 次印刷

170mm×242mm · 15 印张 · 1 插页 · 208 千字

标准书号：ISBN 978-7-111-55108-9

定价：45.00 元

凡购本书，如有缺页、倒页、脱页，由本社发行部调换

电话服务　　网络服务

服务咨询热线：（010）88361066　　机工官网：www.cmpbook.com

读者购书热线：（010）68326294　　机工官博：weibo.com/cmp1952

（010）88379203　　金书网：www.golden-book.com

封面无防伪标均为盗版

教育服务网：www.cmpedu.com

Foreword
序

长期以来，学术界对家族企业偏见颇深，认为家族企业是一种落后的企业组织形式，注定要被现代企业制度所替代，进而退出历史舞台。但事实上，纵观世界各国的企业发展历史，我们发现，家族企业一直在为各国的经济发展贡献着自己的力量，是企业存在的一种重要方式；家族企业不仅存在，有的还延续了好几代人，并不断发展壮大。

传承，是家族企业生命延续的关键。我国改革开放以后涌现出的许多家族企业，其中不乏响当当的新希望集团、娃哈哈集团、万向集团等，这些家族企业的创始人陆续到了退休的年龄，他们创立的企业帝国如何延续，已经成了不得不思考的问题。

杨一波先生思维敏捷，涉猎广泛，对家族企业传承问题有着独到的研究。通过对欧美家族企业和东南亚地区华人家族企业的广泛而深入的研究，发表了系列文章，探索家族企业传承之道。杨一波先生不仅试图从学理层面寻找家族企业传承的奥秘，还从实践层面帮助现实中的家族企业解决传承中遇到的各种问题，积累了丰富的实践经验。

这本《传承有道：缔造家族企业的百年辉煌》是杨一波先生多年理论和实践研究的部分成果。书中的三个篇章：接班人培养、股权设计和家风业规建设是家族企业成功传承的关键所在。每个篇章的理论分析深入浅出，对每个案例的分析都是点睛之笔，将传承的专业研究用通俗化、大众化的语言表达出来，让每个企业家都能从中领悟到传承的真谛。

我愿意推荐这本难得的好书，为面临传承难题的家族企业提供解决之道。同时，我也希望杨一波先生以本书为起点，继续深入探索家族企业的传承问题，不断突破创新，为我们奉献更多的优秀成果。

福州大学

吴秋明　教授　博士生导师

二〇一六年九月

Preface
前 言

全球经济形势变化越来越快，发展迅猛的技术或行业不经意间就被另一个新生技术或行业所取代，许多传统行业更是岌岌可危，目前这个问题受到了全世界企业家们的普遍关注和重视。但是，要想维持或改变，不外乎一个热词——“创新”。可是，众多企业家们普遍关心的只是当下，而忽略了不远的未来——许多人认为让企业很好地活着是最最重要的事情，至于传承，那是很远的事情。既然是很远的事情，那么会发生的结果也离得很远。这在逻辑上就有点让人弄不明白了，企业家们无法眼睁睁地看着当下的企业原地踏步或者退后萎缩，难道就能够容忍一二十年后因为今日自己对传承的不重视而导致一生的心血付诸东流？

人无近虑，必有远忧。在国内许多企业的文化墙上，“基业长青”或“做百年企业”的字眼比比皆是，这说明“基业长青”几乎是每个步入正常运行轨道的企业家的终极梦想。连稚气未脱的孩童都知道，要想实现梦想就必须为之付出努力，而努力的方向就是学会拥有实现梦想的各种能力——比如邻居的六岁儿子是个太空迷，他总希望长大后能够登上太空，做一个研究太空的科学家。他告诉我们，为了实现这个梦想，他除了要坚持锻炼身体，还阅读了少儿图书馆所有关于太空知识的书籍，他将来一定要努力学好数学、物理和天文学。而最近的小目标，就是希望去美国的太空博物馆看看，近距离了解太空。相比而言，我们的企业家们在“基业长青”这件事上所付出的时间和心血，还不如一个稚子，而企业家们还不自知。

可能有人认为上述这席话过于严厉，或者有些贬低企业家们。但在从我过去多年从事企业管理研究所接触的大量的企业家状况来分析，企业家们并非未做“基业长青”的准备，只不过，大家努力的侧重点在于短期的企业经营，而非基于“做百年企业”这个长远目标的规划。试问一下，有多少企业做过关于家族和企业发展十年以上的战略目标规划？这里说的并非是十年后我们要达到什么样的规模和排名之类的目标，而是相应的有指向性的具体目标。

在过去十年，我一直在从事家族企业研究，研究对象遍布全球，有传承了百年千年屹立不倒的长寿企业，有声名纵贯数个世纪、几经易主、风波重重的知名品牌，有籍籍无名、偏安一隅但历史悠久的乡野小店，亦有已随风飘散的曾经牛气冲天的行业执牛耳者，亦有不可一世、翩翩惊鸿却夭折于内乱的世家大族，亦有兄弟同心打天下、子辈孙辈翻脸内斗的已覆灭者，更多的还有那些已被传承问题围困、茫然四顾的中国式家族企业。本书精选的案例从接班人培养、家族企业股权关系、家风业规三方面介绍家族企业传承过程中可能出现的各种问题和困难，以及相对应的解决方法，希望给中国企业家们带来借鉴和深省。

接班犹如一场战斗，进一步是荆棘，退一步是峭壁

如果有一天你开始启动传承计划，就会发现“接班”其实就是一场战斗，进一步是荆棘，退一步是峭壁。改革开放 38 年已经过去了，当年战战兢兢一路摸黑的创一代们已练就一身铜皮铁骨，成了响当当的巨鳄，但是在接班人这件事上却貌似难以见到他们驰骋于商场的睿智。

张瑞敏面对互联网的冲击，提出“再创业”的口号，已经半鬓斑白的他再次扛起海尔的大旗冲锋；柳传志也是再次出山。当厮杀一生的老将不能“坐看云卷云舒”，还要重新披上战甲出征，我觉得除了壮烈就剩下悲哀。

何时交班？

怎么交班？

交给谁？

上述三个问题短短十一个字，你却要用几年甚至十几年来书写答卷。

而仅仅第三个问题“交给谁？”里面，又蕴含着多个问题，比如如果是交给自己的子女的话——

他（她）该接受什么样的通识教育？

该请哪位好友来做他（她）的成长导师？

如何培养他（她）的兴趣？

他（她）必须要具备哪些能力和品质才算符合接班人标准？如何实现？

他（她）应该接受哪些职业训练？

他（她）什么时候适合来企业工作？阶段性岗位如何安排？

如何培养和衡量他（她）的工作能力？

如何协调新老两个团队？

……

如果是企业内部人员，又该如何培养他（她）？

如果是外部人员，阶段性岗位及职责如何安排？

对于企业内部和外部接班人选，还有两个共同问题：如何把握他（她）的忠诚度？家族人员与他（她）如何分工？

……

股权就是分蛋糕

股权是财富的一种，财富是资源的一种。

人生而为人，虽然社会性是人的本质属性，但是天性中亦有动物的成分，争夺、利己、弱肉强食。所以对资源的攫取与控制几乎是一种本能，从另一个角度看，这也是人类社会进步的动力所在。

人们总是把股权比喻成蛋糕，但是蛋糕好吃却不好保管，一不小心就变质了。众人你一把面粉、我一勺奶油做起来的蛋糕必须人人有份，也需要小心翼翼地分得让每个人满意，否则，不满意的人直接掀桌子毁蛋糕，大家都没得吃了。

股权是家族企业财富的象征，而从创业者手里接过股权，就意味着开始真正的拥有企业。在家族企业的传承中，股权交接是关键的一步。所以，企业股权要如何设计、如何交接，是家族企业治理的重要课题。

人们很少谈论股权结构的问题，家族成员之间也不太会谈，大家觉得这是一个敏感的话题，因为中国人觉得“谈钱伤感情”。但是这个问题却又不得不谈，因为许多企业的股权根本没有落地，大家在吃着大锅饭，创业一代因为有着大家长的威严，所以还能镇得住，但是二代、三代再吃大锅饭，是万万不行的。家族企业股权设计是一个应该及早开始的工作，不然一定会埋下隐患。

股权设计陷阱多多，若一不小心踏空就真是白白为别人打工数载。有关股权的章节会专门介绍下列问题，并给出了相应的解决方法。

如何在不放弃家族控制权的情况下实现企业融资发展？

家族壮大后，如何避免因股权稀释而陷入困境？

上市还是不上市？

如何充分利用注入信托和基金之类的机构持股方式？

家风：寂寞迷途中的长明灯

中国自古有“学成文武艺，货与帝王家”的传统，统治阶级尤其重视“文教”，将“士农工商”中的“士”排在首位，而这些士大夫阶层，因为家族庞大，并且想维系自己的身份地位，所以就要对族内子弟的言行举止做出规范，而他们制定规范的方式就是用家规、家训等一系列的手段，以求世代相传、绵延不息。在多种手段的作用下，就形成了这一族独特的思想意志和处事风格，也就是家风。

家训又被称为家范、庭训，是在大家长制下，长辈对晚辈的训诫，通过训诫规范家人的行为，保持良好的言行。家规则是一个家族或家庭的规矩，家规是一种带有强制力的家族治理形式，比家训更严厉。

而在家族企业里，家风、家训、家规其实就是家族企业文化，是家族和企业的气质，是家族和企业的精气神。这种隐性的、无法具象的东西在企业，尤其是家族企业跌跌撞撞地前行时，犹如一盏长明灯照亮万古长夜。

从古到今，从东方到西方，传承百年以上的家族企业都有自己的家风、家训和家规。有的是商道准则，比如蓬勃了明清两代五百多年的中国第一商帮——晋商蒲州王家的家训是“以义制利”，这个词后来成了整个晋商从事商业活动的宗旨。也有的是家族成员生活中的内部规矩，《乔家大院》里的乔家则有一条家规是“不准纳妾”——妻妾矛盾不利于家和，妻妾的子孙之间更易争斗，导致“堡垒从内部垮掉”。无独有偶，李锦记李氏家族曾经也有一条约定：“不准有婚外情”。奢侈品集团菲拉格慕家族有一条家规是“第三代只能有三个孩子进入家族企业”。控制家族成员进入企业，一方面是为了防止家族成员任意操控公司，同时也是希望能将公司交到有能力的家族成员手中。

家风是一种无形的家庭文化，经过较长时间才能形成。它的形成方式多为家庭成员之间相互砥砺，相互影响。它的影响力遍布整个家庭的方方面面，而且影响深远。它具有时代性、独立性和传承性，它能够体现家族和企业的价值导向。

希望本书能对家族企业的顺利传承提供有益的借鉴。更希望家族企业的决策者们能够以祖国中医里的最高境界——“治未病”来看待传承，未雨绸缪。

杨一波

二零一六年九月九日

于北大深圳院

Contents
目 录

上　篇

坠崖的雏鹰：接班人

第一章

福耀集团：东方式父子危局

在东方，父子关系在统治中国的儒家思想中不断演化。被赞为“天不生仲尼，万古如长夜”的孔老夫子曾说：君君、臣臣、父父、子子。这里的“父”与“子”还是一种并列关系，强调做好各自本分。到董仲舒时提出“父为子纲”，这时候就是归属关系了。至清朝演变出“君叫臣死臣不得不死，父让子亡子不得不亡”这样父亲对儿子的绝对支配的说法。一次又一次的发展，父权主义社会渐渐形成。

2015 年中国社科院的一次调查显示，中国第一代企业家平均年龄为 62.7 岁。他们是伴着新中国成长的一代，但是他们的父母亲、祖父母却深受中国传统文化的洗礼，这也造就了他们身上别有韵味的特征，他们是新老交替的一代。而到了“富二代”，就是完完全全地“生在新中国，长在红旗下”了，优渥的生活和开放的思想已经将他们脑海中所剩不多的传统文化冲刷得溃不成军。

种种差异造成父子在思想上的交锋，以何种方式相处，也是老子和儿子的一大问题。

一、中国强人：进击的曹德旺

从食不果腹到腰缠万贯，从一无所有到应有尽有，曹德旺的商业帝国发展史就是中国市场经济发展的缩影。曹德旺白手起家，保持着“为中国人做一片属于自己的玻璃”的初心，几十年来不断做大做强，举目国内，无人可堪一战后，又剑指西方，进军国际市场，以无可阻挡的黑马姿态一度将美国汽车玻璃市场 1/3 的市场份额斩获囊中。

1. 饿出来的玻璃大王

闽剧里有一出戏，叫《门槛刀痕》，讲述的是一个中国传统戏剧里常见的嫌贫爱富的故事题材，故事的主人公原型就是曹德旺的曾祖父曹公望，也是当时的福清首富。不过曹氏家族在曹德旺爷爷手里没落了，曹德旺的父亲曹河仁远赴东洋在布店里做学徒，学做生意，回国之后成为上海永安百货的股东之一。所以，对 1946 年出生的曹德旺来说，这份商业基因是融烙在他骨髓里面的。

1949 年，为躲避战乱，曹德旺的父亲曹河仁携全家从上海回到当时的福建省福清县的老家，他们乘坐的油轮安然无恙，运载行李货物的铁壳船却沉没了，曹家从此家道中落。

饥饿是曹德旺幼时最惨痛的记忆，一天只能吃两顿饭，还只是些汤汤水水，不能吃饱，这对喜欢在嘴上抓挠的曹德旺来说是一件难以忍受的事情。以至于很多年后，想吃什么吃什么、想怎么吃就怎么吃的腰缠万贯的他，还是不能克服童年时饥饿留下的阴影。在国务院侨务办公室组织的一次去甘肃的考察中，曹德旺入住宾馆后的第一件事就是溜出去找坐车时“看上去就流口水的猪蹄”，考虑到西装革履地啃有碍观瞻，他还颇费心思地先走进旁边的拉面馆，让拉面馆老板代为购买。

饥饿是人的本能，根据马斯洛的需求层次理论，当人类的第一层次的生理需求满足不了时，人就会爆发巨大的潜能，这个理论在“吃货”曹德旺的身上尤为明显。

1961 年，15 岁的曹德旺在上了六年学后，这个家庭无力再支撑两个孩子的上学费用，作为家里老二的曹德旺干起了与发家前的朱元璋一样的工种——放牛郎。一年之后，16 岁的曹德旺开始了自己为期十年的“万员户”生涯，这十年是曹德旺最默默无闻的十年，也是为他以后成为商海搏浪的巨人打下基础的十年，当然这十年也是无奈的、挫败的十年，他曾一度被生活打得丢盔卸甲，甚至没信心到了要妻子改嫁的地步……

首先要阐述一下定义，所谓“万员户”就是：饲养员、采购员、推销员、运输员、后勤员……由此可见曹德旺不甘平庸和乐于折腾的个性。事实证明，有想法并且能付诸行动的人永远是第一批成功者。曹德旺从高山县到福州买卖烟草，载着 30 斤烟草，骑车 200 多里路，后来倒卖水果，一天能赚三块钱——这是能被划分为“走资派”的大生意。终于在 1972 年，这个始终踩着钢丝游走在法律边缘的冒险家靠倒腾木耳和树苗挣到了人生中第一个五万元。曹德旺富于胆略和心思活络的特点尽显无疑。

挣到钱后，曹德旺把盖房子的心思缓了一缓，先做什么？吃。就像以后的人生中曹德旺经常说的一句话：这桌子上只有酒和菜是真的。挣到钱后，那个年代的便宜物价让曹德旺过上了“肉林酒池”的生活，这个过去连七分钱一包的烟都抽不起的汉子说：那是天堂一样的日子。

2.“为中国人做一片属于自己的玻璃”

就像一位哲学家说的：饥饿时只有一个烦恼，而吃饱后就有无数个烦恼。在曹德旺吃饱饭后，这个闲不住的人由“生理需求”直接追求“自我实现”去了。

1976 年，曹德旺在父亲的支持下，去镇上的水表玻璃厂当了推销员。这是一份辛苦的工作，但是人生的精彩就在于无法预知，尤其是在手中握着大量资本的曹德旺身上。1983 年，曹德旺和别人合资承包了一直亏损的水表玻璃厂，当年就挣了 22 万元。这让乡亲们暗暗咂舌：这哪是玻璃厂，这是印钞厂啊！

1984 年 6 月，曹德旺到南平出差，顺道参观了一下武夷山，还非常细心地给老母亲买了一根竹根做的拐杖。上车时，送他的司机说：“老曹，上车小心点，别碰了车玻璃，你可赔不起！”曹德旺说：“开个海狮牛啥，不就一块玻璃吗？我看最多也就值 100 块！”司机见他不信，继续说道：“你别不信，一块玻璃好几千块呢！”

这引起了曹德旺的注意，他专门跑到汽车修理店转了转：马自达汽车，前挡玻璃，6000 元一块！这些玻璃基本都是从日本进口的，因为没有国产的。曹德旺的第一反应就是：日本人真黑！第二反应就是：没人做，我来做！

说干就干，曹德旺回去后就改组高山异能玻璃厂，在保证水表玻璃生产的同时，还要着手汽车玻璃的研发。他从上海耀华玻璃厂引进了一套淘汰的设备和一些图纸，一身油灰的和工人们一起泡在车间，没日没夜的钻研。上海耀华玻璃厂的负责人在接到曹德旺要求派技术人员组装总成的电报时，禁不住惊叹：疯了，曹德旺疯了！只用了四个月，曹德旺就克服了空压机和鼓风机的技术难题，这比上海耀华玻璃厂预计的时间少了一半！

1985 年 5 月，曹德旺造出了第一块汽车玻璃。

当时还是有国产玻璃制造商的。但是因为国内的汽车五花八门，各种品牌都有，所以汽车玻璃规格不统一，而每一种玻璃都需要不同的模具制造，开一套模具的价钱在两万元左右，如果将市面上的汽车玻璃模具都做出来，所需花费将是一个天文数字。这是阻碍国产汽车玻璃发展的最大障碍。

曹德旺也是一员福将，打瞌睡就有人送枕头。在玻璃厂开业不久，同行施能享上门拜访曹德旺，曹德旺出于礼貌回访了这位同行的略显寒酸的工厂。人说“同行是冤家”，但是这次对施能享的访问却让他有了惊喜的发现：有一种能随意改变尺寸的模具。曹德旺以此为灵感，回厂后和技术人员日夜研发，做出了万能模具——一种能做市面上绝大多数汽车玻璃的模具。这让曹德旺在日益严峻的市场竞争中多了一个撒手锏。

1985 年后半年时间，高山玻璃厂盈利 70 万元。

1986 年全年，高山玻璃厂产值 596 万元。曹德旺的人生走上了快车道。

1987 年 7 月，曹德旺联合 11 个股东筹集了 627 万元成立了中外合资福建耀华玻璃工业有限公司。

1991 年，福耀玻璃获准公开发行股票，但那时的人们压根搞不懂股票是什么东西，各大银行和省市的领导起了带头作用，1600 万股很快就卖完了。但是一个谣言却被满世界疯传：福耀股票不能上市，曹德旺圈了钱要跑到外国！

谣言的威力不久开始显现，大规模的退股风潮开始了，曹德旺认为股票是企业的信誉，找不到买家，他就向银行、向亲戚借钱，咬着牙买下了别人强卖给他的股票。高额贷款让这个坚强的汉子在银行行长面前一度泣不成声，曹德旺被迫收购了福耀集团 400 万股的股份。

1993 年 6 月 10 日，福耀玻璃在上海证交所挂牌交易。这是曹德旺“翻身农奴把歌唱”的日子，股票开盘价 44.44 元，收盘价 40.05 元，要知道股票发行时一股是 1.5 元，一下子就翻了 26 倍！在无数人懊悔不已中，曹德旺成了亿万富翁。

3．握紧拳头，拥抱世界

1994 年，曹德旺开始与法国圣戈班接触，此时的双方各怀心思。圣戈班是一家全球性大公司，只是想利用福耀玻璃进入中国市场，对福耀玻璃的定位是服务中国市场，但是圣戈班很明显低估了曹德旺的雄心壮志，曹德旺要以圣戈班为跳板进入国际市场。就这样，1996 年，法国圣戈班出资 1530 万美元，福耀出资 1470 万美元，成立万达汽车玻璃有限公司，法方占股 51%，中方占股 49%。

万达汽车玻璃有限公司成立不久，曹德旺就感觉到有点不对劲，圣戈班给他配备了最好的小轿车，让他拿最高的工资，但是对福耀玻璃进军国际市场的事情不反对更不支持。和圣戈班合作的三年间，兼任董事长和总经理的曹德旺向圣戈班提交的报告文件有半米高，但是全都以“没弄清楚”为由，搁置起来“留中不发”，曹德旺见识了世界大公司的工作效率，以至于感叹道：我当了三年董事长，还不知道法国方面是谁管这个公司。

在与圣戈班接触之初，福耀玻璃通过加拿大 TGG 公司将玻璃卖到了北美，但是一直处于亏损状态。在与圣戈班“联姻”之后，亏损更甚，1998 年一年，亏损达 1790 万元。

曹德旺早就受够了头上的这个“太上皇”，适时提出：退回圣戈班入股的资本金，并且不需要他们承担三年连续亏损的责任，但前提条件是圣戈班五年内不得在中国组建玻璃工厂。圣戈班喜出望外，但是还想得到更优厚的条件，曹德旺说：“这个工厂是我建的，这里的一草一木、一兵一卒都是我亲自带出来的，要是让我离开，我买张机票马上远走高飞，头都不回一下，但是你能玩转这个工厂吗？这里是中国！”

1999 年 6 月，福耀玻璃与圣戈班分道扬镳。下半年，福耀玻璃将在北美的销售战略改分销为直销，半年盈利 7000 万元，第二年，盈利 1.5 亿元。而颇具讽刺色彩的是，1998 年底，曹德旺向圣戈班提出的关闭美国 GGI 分公司的建议（这是实行直销的第一步）都未获允许。

福耀玻璃与圣戈班的这次为期三年的合作，福耀玻璃也不能说全无收获。在合作之初，福耀玻璃的员工就获得了去法国圣戈班本部工厂接受培训的机会，这极大地拓展了福耀人的视野，提高了福耀的生产能力；圣戈班的种种官僚作风，也让曹德旺认识到外国公司和本土公司没什么不同，增强了在国际舞台上与对手一较高下的信心。

但这时也只是有信心而已，接下来曹德旺要面临走向国际的道路上最强大的对手。2001 年 2 月，美国 PPG 联合其他两家美国玻璃公司，向美国商务部起诉中国的玻璃倾销，而一年后，美国商务部最终裁定福耀玻璃的倾销税率为 11.8%。愤怒的福耀玻璃将一纸诉状递到联邦巡回法庭，让美国商务部坐上了被告席，这次福耀玻璃将与美国商务部直接交锋。

屋漏偏逢连阴雨，美国反倾销案正在进行中，加拿大反倾销硝烟又起。2001 年 9 月，加拿大 PPG 公司和 Lamiver 公司联合向加拿大海关税务总署和国际贸易法庭提交对中国 ARG 挡风玻璃的反倾销调查。2002 年 5 月，加拿大海关税务总署初步裁决福耀玻璃的倾销税率是 57%。

曹德旺及福耀玻璃迅速反应，做了应诉的决定，并成立反倾销领导小组，曹德旺任组长，曹晖和黄中胜任副组长。加拿大 PPG 公司是美国 PPG 的分公司，PPG 选择两处起诉，福耀玻璃有一种遍地狼烟、首尾不相顾的感觉。福耀玻璃抓住 PPG 和福耀都是外来户这一特点，指出加拿大 PPG 公司没有控诉福耀的资格。在法庭上，法官提问："被告提出的 PPG 在加拿大市场卖的玻璃是不是从美国运来的？" 加拿大 PPG 的代表吞吞吐吐，欲言又止。2002 年 8 月，以福耀玻璃为代表的中国汽车玻璃行业彻底胜诉。

首战而胜后，福耀玻璃集中精力应对美国。2002 年 10 月，曹德旺在对外经济贸易大学成立了第一个中国反倾销研究所，人员阵容相当豪华：曹德旺任理事长，龙永图任总顾问，张汉林任副理事长。同时对美国 PPG 的起诉"两手都要抓"，但却是"一手软一手硬"，一方面曹晖在美国聘请了 GDLSK 律师事务所最有经验的反倾销律师，摆出不惜一切代价要战斗到底的姿态；另一方面曹德旺对 PPG“晓之以理，动之以情”，提出“鹬蚌相争，渔翁得利”，“老六（福耀）和老四（PPG）打架，受益的是前三名。”并提出 PPG 帮助福耀建立浮法玻璃生产线，福耀作为交换把北美市场的销售交给 PPG 去做。最终 PPG 不但撤诉了，而且直到现在还与福耀玻璃保持着良好关系。

这两场商战意义重大，一是因为这是中国加入世贸组织以来第一个反倾销胜诉的案例。值得一提的是，五年之后，美国商务部长访华时，专门提出要与曹德旺会晤一次。第二个重大意义是曹德旺之子曹晖第一次出现在公众视野，并且是以福耀玻璃美国反倾销一线指战员的身份出现，表现相当亮眼。

4. 全面开花，鲸吞天下

商业的残酷性就在于它没有真正的胜利者，一切挑战者都将败给时间，但是总有企业会在一段时间内各领风骚。福耀玻璃就算是在反倾销战役中也没有放缓前进的脚步，自 2000 年始，时任长春市委书记的米凤君邀请福耀在长春建厂，经考察后，曹德旺决定北上，打响了福耀全国扩张的第一仗。

2002 年，福耀长春公司二期建成之后，形成了年产 300 万块轿车玻璃、5 万块大巴玻璃及 30 万块挡风玻璃的规模。接下来就是在上海、重庆、北京、湖北、广州、郑州组建公司。

2003 年 5 月 1 日，福耀接管双辽玻璃厂。双辽玻璃厂建于 1948 年，是中国最早的浮法玻璃生产基地，而福耀之前一直有涉足浮法玻璃的意愿，但是苦于没有门路，因为只有具有浮法玻璃制造能力的公司，才能获得全球八大供应商的认证。就像是只做服装，不生产布料，那么你就无法全面控制服装的质量，而且服装还得随着布料的涨价而涨价。

前文提到，福耀与 PPG 的反倾销之战以握手言和而告终，其中重要的一项就是 PPG 帮助福耀建立浮法玻璃生产线。曹德旺这一招太极推手相当漂亮，不但不打不相识，而且化敌为友了。

反倾销战役胜利之后，福耀取得了相对和平的外部环境，又开始了大踏步前进。

2005年，福耀与奥迪签约，标志着福耀已经完全掌握了汽车玻璃生产的高难度技术。

2007年，福耀在德国成立福耀欧洲公司，建立从产、供、销到物流、仓储、售后的一整套供应链体系，为欧洲配套客户提供了更加完善的本土化服务。

2010年，在美国密歇根州建厂，为北美客户提供近距离的汽车玻璃附件安装、仓储、销售服务。

2011年，福耀集团与俄罗斯卡卢加州州长签署投资项目合作协议，投资2亿美元在俄建设汽车安全玻璃项目。

2012到2013年，福耀集团有一列动作，包括：在福州市投资建设大型模具研发中心、在福清市江阴镇投资建设福州福耀浮法玻璃有限公司、对内蒙古通辽浮法生产线进行技术改造、在湖南设立溆浦福耀硅砂有限公司、在沈阳和佛山等地投资汽车玻璃加工制造等项目。

2014年5月26日，英国Financial Times（《金融时报》）用3/4版的篇幅，以*The tycoon who opened the window of opportunity*（《打开机会之窗的大亨》）为题，将曹德旺的事迹传播到全球。

报道写道：曹德旺幼年时家庭一贫如洗，抓住改革开放的机遇，成立公司制造汽车玻璃，上市和零部件国产化也为福耀玻璃的发展带来更多的机会，而如今的国际化战略更是为福耀的发展打开了一扇机会之窗。

“抓住机遇”是《金融时报》对曹德旺的评价，国内有媒体称曹德旺是“机遇猎手”，两种说法不谋而合。曹德旺身上的这个特质十分明显，这一点从福耀一步步发展可以看得十分真切。吴晓波在《激荡三十年》中有一番精彩的描述：

“在1978年到2008年的中国商业圈出没着这样的一个族群：他们出身草莽，不无野蛮，性情漂移，坚忍而勇于博取。他们的浅薄使得他们处理任何商业问题都能够用最简捷的办法直指核心，他们的冷酷使得他们能够拨去一切道德的含情脉脉而回到利益关系的基本面，他们的不畏天命使得他们能够百无禁忌地去冲破一切的规则与准绳，他们的贪婪使得他们敢于采用一切的手法和编造最美丽的谎言。”

就像在曹德旺准备进军世界市场时，有人问曹德旺：你听不懂英语，也不了解西方的营销模式怎么办？曹德旺说：我比别人便宜几块钱就有人来了。

凭着敏锐的商业嗅觉和能迅速找到关键点并一击致命的高超本领，福耀玻璃从一个镇级的“小鱼小虾”成为国内的商业巨鳄，又在世界各地全面开花。

二、曹氏父子情：相爱相杀

2015 年 7 月 2 日，福耀玻璃的短短几行通告引起了轩然大波：公司总经理曹晖和董事兼副总经理白照华提交辞呈。此时曹晖已经担任福耀玻璃总经理一职九年，在外人眼中，是曹德旺无可争议的接班人，现在却突然离职。

虽然曹德旺说“他依然是未来的接班人”，但是并不能阻止外界对曹晖离职的猜测。能力不足论、另有志向论和不愿接班论等一时间甚嚣尘上。其中“另有志向论”，也如福耀玻璃通告中所言，曹晖忙于开辟“互联网+”业务，大部分人比较相信这一说法。

成为福耀玻璃总经理的曹晖已经称霸汽车玻璃行业，在常人眼中，曹晖已经出任公司总经理，走上了人生巅峰。为什么他还要辞职从零开始，而且还是以脱离福耀、单独创业的方式呢？

1. 另类的家教

现在社会上对于商人之子有一个称呼：富二代。人们对他们的印象包括张狂、桀骜、肤浅等一些负面的形象。严格意义上说，曹晖是不折不扣的富二代，但是曹晖身上完全没有这些特征，他不仅没有享受到富二代应有的生活，甚至连普通人家的孩子都不如。

先说说曹德旺对儿子曹晖的培养。

（1）吃得黄连苦

如果回溯几十年，在城市的家庭，评价一个孩子最好的词是“聪明”，那么在农村的家庭，评价一个孩子最好的词是“能吃苦”。“吃苦耐劳”这件无可奈何的事，却是农家孩子安身立命的根本。

曹氏家族是一个能吃苦的家族，家长们也有意识的锻炼孩子们的吃苦能力。在曹德旺的父亲曹河仁 18 岁时，曹德旺的舅公把曹河仁带到了日本学习手艺，却没有把曹河仁安排在自己的店里，而是在日本一家布店做了三年的学徒，没有工钱，吃的是布店老板的剩菜剩饭。第一年拖地、端茶，甚至倒马桶；第二年让曹河仁挑着店里的布头，沿街叫卖。第三年才学习怎么站柜台、怎么做生意。而且老板还让曹河仁嘴里咬着筷子对着镜子练习微笑和鞠躬。这些严苛的锻炼是曹河仁以后发家的基础，在曹河仁回国时，他已经挣了 10 万日元——当时日元比美元的汇率还高。

而曹德旺自小因为艰苦的生活和父亲的调教，也备尝生活的艰辛。曹德旺倒腾过水果，对一个 17 岁的少年来说，每天凌晨 2 时起床，骑车到福清县城，此时天刚亮，然后再载着 300 公斤的水果回高山，到家时，约莫下午 3 点了，水果卖完基本要晚上七八点了。所以曹德旺记忆中母亲早上总是一边轻轻推醒被子里的他，一边抹着止不住的泪花。也正是这一段经历，曹德旺养成了早起的习惯。

到了曹晖这一代，曹德旺同样“狠心”，虽然已经富甲一方，但是曹晖在父亲的“魔爪”下很少享受到财富带来的便利。曹晖高中毕业就被曹德旺扔进了生产车间，而且往往是三班倒，为了多挣一点钱，曹晖每天工作 10 个小时以上。就这样，曹晖做了六年，一步步升为车间主任。而曹德旺也只是淡淡地说了一句：“这孩子，能吃苦。”

（2）男人要有责任

本来曹德旺没有让曹晖继承企业的打算，因为“这不是人干的事情”，曹晖也没有这个意愿。但是后来曹德旺重金聘请的职业经理人丰田重男和刘小稚都因“水土不服”工作不满一年相继离职，福耀面临继承危机。曹德旺派人寻找曹晖，希望他接班，曹晖不愿回去。此时，曹晖在美国已经娶妻生子，用他的话说“有房有车有钱，爱怎么过怎么过，不想回去。”当然，还有一个重要原因——曹德旺积威甚重，福耀已经有了太多父亲的痕迹，自己不好接手。三番五次派人后，曹德旺用“责任心”说服了儿子，这是曹家的企业，要有曹家人的担当。

这也是曹家人一脉相传的东西，曹德旺的父亲曹河仁经常给曹德旺传授一些“生意经”。曹德旺总是能想起这样的场景：曹河仁坐在小桌旁，桌上摆着曹德旺从镇上打回来的酒，还有一捧白晒花生和地瓜瓜子，曹河仁抿一口酒就对站着的曹德旺讲两句经商之道。曹德旺至今还记得父亲说过：“做事要用心，有多少心就办多少事。你数一数，爱心、孝心、决心、怜悯心、责任心……”

曹德旺对儿子说要担起对企业的“责任”的时候，其实他自己也曾对担起家庭的“责任”动摇过。

曹德旺的媳妇、曹晖的母亲陈凤英虽然目不识丁，却是一位了不起的女性。曹德旺结婚前只和“（陈凤英）很小的一张黑白照片”见了一面，而结婚也是因为三年自然灾害期间，曹德旺的母亲饿得得了浮肿病，需要人照顾。结婚不久，曹德旺就卖掉了陈凤英的嫁妆去跑生意。对于这一切，陈凤英始终以一种中国传统女性的牺牲与包容默默支持。

20 世纪 80 年代初期，曹德旺感觉遇到了自己的“灵魂伴侣”，他形容为“那是真正的相爱”。一个比他小了十岁、还带着两个孩子的女人。这个女人也是伟大的，甚至有点新时期独立女性的味道。她不顾世俗的眼光，为当时“黑黑瘦瘦，看起来不怎么样”的曹德旺付出了很多。曹德旺挣扎许久，家庭的责任感最终还是让他选择回归家庭。这场“发乎情，止乎礼”的爱恋让曹德旺对妻子陈凤英愧疚不已，这个八面纵横的商场高手在接下来的几十年用一种近乎笨拙的方式补偿妻子，表达对妻子的爱——他把自己的所有资产都转移到了陈凤英名下，还有福耀玻璃的法人代表身份。

责任，是一个男人活着的意义。

（3）一头愤怒的公牛

在经商的几十年里，曹德旺宣称：连一盒月饼也没有（给官员）送过。

曹德旺外号“曹特勒”，这个外号取自“希特勒”，这也说明他专制、强势和难打交道的一面。他是一个个性极强的人，这在企业家中是不多见的。经商，讲的不就是八面玲珑、长袖善舞吗？他偏不。曹德旺有几件事至今还为人津津乐道。

在1986年的整党运动中，个性张扬的曹德旺被有心人看在了眼里，调查组进工厂就拿走了所有账簿：“没有鱼也有虾，抓你绰绰有余。”接下来的事态发展高潮迭起，调查组勉为其难地弄出了曹德旺的三条罪状，曹德旺面对调查组和县领导班子，不看稿子滔滔不绝地讲了三个小时，力陈无罪，期间还有大声地吼叫、拍得山响的桌子和最后对听得面面相觑的领导们竖起的中指。在曹德旺摔门而出后，县委书记说：“我看他虽然态度上有缺点，但是理由让人无法反驳啊！应该把他作为福清发展的一个人才用。”

福清县委的一个副县长也是玻璃厂的董事长，他想让自己的外甥承包公司的工程，曹德旺虽然不放心，但是碍于情面，给了他修写字楼和工厂围墙的工程。在验收时，曹德旺说：“你把你修的围墙中画出任何一段，只要达到我设计要求的90%，我就付给你钱。”对方不敢，副县长气势汹汹地来找曹德旺吵架，曹德旺一句话顶回去了：“工程不达标，我就是不给。”

既打老虎，也拍苍蝇。曹德旺始终像一头愤怒的公牛，冲破前面不合乎道德和事理的障碍，向来不懂得谦让和忍耐，后来有朋友推荐他读《曾国藩传》，他读出来一点味道，把左宗棠手书给曾国藩的话“敬胜怠，义胜欲；知其雄，守其雌”裱了起来，挂在办公室，时时观瞻。

但也仅此而已罢了。

（4）有屁眼的貔貅

2010年，青海省玉树县发生地震。在中央电视台举行的“情系玉树，大爱无疆——抗震救灾大型募捐活动特别节目”晚会上，曹德旺和曹晖以个人名义捐款1亿元。之后发生的西南五省旱灾，曹德旺父子又捐献了2亿元。企业家捐款的很多，但是一下捐出这么多的还真是不多。

在商人的家里或者办公室，有人喜欢挂上“招财进宝”的横幅，或者摆上三足蟾蜍纳财气，当然中国习俗中与财运连接最紧密的还是貔貅，传说貔貅是龙的第九子，因触犯天条，玉皇大帝罚它只以四面八方之财为食，吞万物而不泻，可招财聚宝，只进不出。

曹德旺家里也有一个，而且很大，但与众不同的是曹德旺让人在貔貅屁股上凿了个眼，“只进不出，还不得憋死。”这种充满谐谑意味的举动，不纯粹是为了好玩，也显现出了曹德旺的人生观和价值观：“会吸彰显水平，会施舍才彰显人品、人格。”

说起施舍，从经营高山异能玻璃厂起，曹德旺就像一个散财童子般广布善缘，其种种善行在这里就不再赘述了。2011年，曹德旺以45.8亿元捐款名列“胡润中国慈善榜榜首”。对于金钱，他说：“钱就是用来玩的，别把钱当真，你看钱的面上印有很多人头、图画，为什么这么花俏？这就是用来玩的。谁有水平，就留在身边多玩几天，没有水平，就少玩几天。反正钱是不会永远留在你身边的。”

这样的心态下，曹德旺在2012年捐出名下3亿股福耀股份，市值约35.49亿元，成立“河仁基金会”，这是国内资产规模最大、第一个以股票形式捐赠的基金会。

虽然曹德旺没有把钱留给儿子，但曹晖是很支持的。而且在很多时候，他也会为有需要的人献上一份爱心，虽然经常被父亲的光芒遮盖。低调的曹晖很少出现在公众视野，和曹德旺一样，曹晖崇尚“无相布施”：捐钱是积阴德，说了功德就破了。

2. 想说爱你不容易

曹晖今天的成功和父亲曹德旺的培养是密不可分的，可以这么说，曹德旺的培养让曹晖具有了商海弄潮的能力，却忽略了父子亲情的表达。好像东方式的父子传承和社会习惯中总是把爱定义为一种黏黏唧唧的多余感情，经常羞于表达或假装不屑。对于充满羁绊的父子来说，更是“爱你在心口难开”。

（1）“鹰爸”式教育

在 2009 年曹德旺宣布将要捐赠名下股份成立河仁基金会时，《经济半小时》栏目对曹德旺做过一个采访，以下为部分采访内容。

记者：“曹德旺一共有三个子女，大儿子曹晖、女儿曹艳萍，还有一个小儿子，其中曹晖、曹艳萍都是福耀公司的董事，曹德旺把这笔巨额财富捐赠出去，而没有留给自己的子女，他的孩子能否支持这个计划呢？”

福耀玻璃股份有限公司总经理曹晖：“我非常支持我父亲的做法。”

为了向记者说明他的家人对这次捐赠的支持，曹德旺当场就把自己的儿子叫到了办公室，曹德旺的儿子曹晖向记者表示，虽然自己现在还没办法真正体会父亲的用意，但是仍然相信这个决定是百分之百正确的。然而，接下来曹晖忽然站起来要离开房间的举动让记者多少有些吃惊。

曹晖：“因为他在面前，我讲话很紧张。”

记者：“他一在你很紧张？”

曹晖：“他在我平常不说话的。”

记者：“为什么？”

曹德旺：“这是我的家教。”

记者：“这是你的家教？”

曹德旺：“对。”

记者：“孩子都很怕你？”

曹德旺：“没错。”

曹晖告诉记者，因为父亲脾气专横，他从小就非常惧怕父亲，现在即使他们父子在同一个企业工作，也从不单独坐在一起谈话，更很少在同一张饭桌上吃饭。记者注意到，作为上市公司的总经理，曹晖身上穿的就是一套统一定做的生产管理人员制服，成色明显发旧，并且在福耀工作八年，曹晖那时仍然居住在工厂的一套员工宿舍里。

曹德旺："如果我不告诉你，人家不告诉你这是曹德旺的孩子，你跟他一起生活，根本看不出来他是我的子女，他非常朴素，非常节约。"

在这段采访中，我们也可以从侧面看出曹德旺和曹晖的紧张关系。曹晖说话的方式不像是一个儿子在评价父亲，更像是一个下级在评价上级。而曹德旺也过分强调对孩子艰苦朴素精神的培养，好像艰苦朴素是成为人才的必经途径甚至是唯一途径。

在这种心态的影响下，曹德旺对曹晖的培养也是"声色俱厉"多于"和颜悦色"，一次次把曹晖推到艰难的环境，看他无助、彷徨，看他清醒、挣扎，看他奋起、突围。

曹德旺对曹晖可谓是"摔打成器"，高中毕业就让曹晖进车间，熬了六年，好不容易成车间主任了，又把曹晖调到香港，在毫无根基的情况下组建新公司，在曹晖有了"宝马、马仔"之后，又把他扔到美国自费读 MBA。

曹德旺说，曹晖在美国六年没有接他的电话。

一个孩子对父亲的"恨"由此可见一斑，在美国的曹晖有稳定的工作、幸福的家庭。平心而论，站在曹晖的角度来说，很难面对一个连话都不敢和他说的父亲。

（2）父亲是旗帜，也是垫脚石

但是挨不住后来被人三请四请，更被曹德旺以"责任"的大义打动，曹晖终于回到福耀玻璃担任总经理。曹德旺给曹晖配备了一个管理团队，他说："福耀集团管理层的素养比较高，他们年纪比曹晖大，大家都以长辈的身份帮助他完成这一交接，听曹晖的指挥。虽然我不担任高管了，福耀集团的管理基础还在那里，大的规则也没有变化。"对福耀集团和曹德旺来说，这应该是一种比较稳妥的方式，但是从另一方面来说，比曹晖资格老、经验足的"辅政大臣"在那里，曹晖也颇多掣肘。

曹晖自出任总经理以来，不住家里的豪宅，吃住在工厂，出差也不坐头等舱，这种类似苦行僧的高度自律与自我磨炼也是有原因的，不单纯为了事业，还有关一个儿子的荣誉。

曹晖在办公室里挂着曹德旺的画像，曾有记者问为什么，曹晖说："他获得的每一个奖励，对我来说都是一种压力。"由此可见曹晖心里"超越父亲"的这把火烧得有多么旺。曹德旺就此与曹晖有过深入的讨论，讨论的主题就是关于老子、儿子和超越。曹德旺在和其他人的交流中也多次流露出希望儿子能超越自己的想法，但是真正面对曹晖时，还是如往常一样直言不讳："你不可能超越我！"

人前对儿子不留情面，人后总是一副"有子万事足"的样子，这对父子间充满了男人可爱的倔强。

虽然曹晖也知道市场的浪潮已经不再澎湃，汽车玻璃行业的发展渐趋稳定，但是梦想还是要有的，万一实现了呢？

前方飘扬着旗帜，曹晖不敢稍有歇息。他在接手福耀玻璃之后，坚持西化管理，坚信规则的力量。而这早有先例，曹晖在美国福耀任职时，曹德旺的一个朋友把曹晖的报价压得很低，有人觉得既然是老总的朋友，便宜点也是可以的，但曹晖不同意：如果给这个客户的价格是这样，那么其他客户的价格也得按这个低价，否则对别人不公平，这不符合生意场上的游戏规则。

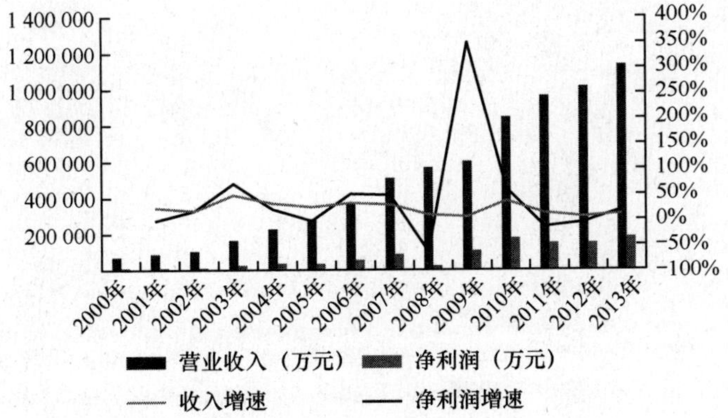

福耀玻璃历年收入与利润情况

从上图可以看出，虽然与曹德旺的管理理念有所不同，曹晖接手福耀玻璃后做的相当成功。在 2009、2010 年福耀玻璃取得了国内 OEM 汽车玻璃 50%以上的增长，远远高于汽车产业的平均增长速度；2012 年，全集团产量及实际供货量位列全球第二，净资产收益率为 23.13%，基本每股收益 0.76 元。

曹晖已经证明了自己的能力，但是再继续走下去又如何？毕竟福耀这头巨兽在曹德旺手上已经成长得极为恐怖，曹晖做得再好也只是锦上添花，就像曹德旺以前训练他一样，他这次必须找到突围的途径，才能超越父亲。

也许，“互联网+”就是超越父亲的东风。

曹晖在 1996 年前后负责福耀美国业务的时候，看到美国市场的发展，萌生了一个想法：零售汽车玻璃。他认为汽车玻璃的配件市场（零售市场）比配套市场更具发展潜力。

回国之后，他对此事仍然念念不忘，尤其是电子商务和“互联网+”的兴起，又再一次激发了他的想法。曹晖计划用互联网方式来开发汽车玻璃配件市场，这或许是他能战胜父亲的唯一一次机会了，电子商务方兴未艾，而最重要的是，曹德旺倔强一生的背影在夕阳下已经越来越佝偻了……

第二章

王安电脑：“家天下”，错失天下

“第三次科技革命是人类文明史上继蒸汽技术革命和电力技术革命之后科技领域里的又一次重大飞跃，不仅极大地推动了人类社会经济、政治、文化领域的变革，而且也影响了人类的生活方式和思维方式，使人类社会生活和人的现代化向更高境界发展。它是迄今为止人类历史上规模最大、影响最为深远的一次科技革命。”

我一字不易地挪用了中学课本里的一段话，因为这些冷静客观却内蕴澎湃的文字才能描述第三次科技革命的威力，而计算机的广泛应用正是第三次科技革命的核心。

1956 年，周总理亲自制定《十二年科学技术发展规划》，把计算机列为发展科学技术的重点之一，中国计算机事业开始比较早，发展速度也是比较快的，但是后来却落后于世界。

当今世界，在美国乃至世界电脑软件市场上，微软都是无可争议的执牛耳者。2016 年 4 月，微软因为第一季度报表不佳，股价缩水为 4095.4 亿美元，要知道 2015 年世界 GDP 排名 27 的泰国国内生产总值才有 4127.11 亿美元！

但是微软总裁比尔·盖茨曾说，如果王安能完成他的第二次战略转折的话，世界上可能没有今日的微软公司，他（比尔·盖茨）也不会成为个人计算机时代的英雄，“我可能就在某个地方成了一名数学家或一名律师，而我少年时代在个人计算机方面的迷恋，只会成为我个人的某种遥远的回忆。”

王安，这个中国人的名字，到底是怎样的存在，能得到世界电脑巨头如此评价？

一、白色泥土里的黄色楔子

中国是个历史底蕴深厚的国家，"王安"这个名字已经被淹没在历史尘埃中，我们今天又把他从故纸堆中翻出来，不怕灰尘迷了眼，细细来说王安商业帝国的崛起与坍塌——这并不是如辛亥革命后的清朝遗老耷拉着辫子一唱三嗟地回忆旧时荣光，而是为了更深地思考，以及更好地前行。

就像田径运动被黑人一统天下，奥运会乒乓球对决最后经常变成中国队的内部赛一样，在 20 世纪四五十年代，美国在计算机研制与发明方面有着得天独厚的优势和无可动摇的绝对统治地位。王安的出现就好像一根黄色楔子楔入了美国而变得异常显眼，王安以科技争雄于美国市场，宣告了中国人不是只会刷碗拖地做苦力的猪猡。

1. 儒学灌顶的天才少年

冰心先生做过一首脍炙人口的小诗：

成功的花，
人们只惊慕她现时的明艳！
然而当初它的芽儿，
浸透了奋斗的泪泉，
洒遍了牺牲的血雨。

很多人喜欢谈论别人的成功，别人的荣耀与光鲜，却往往对别人成功之前的经历嗤之以鼻，一些人有"造神"的传统，他成功——他是伟人——因为是伟人，所以成功。对于成功之前是"人"的经历不关心，而成为"神"之后的经历，对他人而言却往往无太大益处。所以我将不吝笔墨对王安的早年个人经历做细细整理，由此处看王安早就确定了的一生的成功与悲剧。

1920 年 2 月，王安出生在中国上海，他有五个兄弟姐妹，最小的王祺小了王安 14 岁。王安出生于战火纷飞时代的中国，虽然后来的事业也是移民美国之后才有起色的，但纵观王安一生，骨子里浸润的儒家思想支配了他的一生，而这是汉堡和可乐无法填充起来的。

王安的中国文化启蒙老师是他的祖母，一个较真且絮叨的慈祥老太太，她拿出老太太特有的絮叨和祖母特有的慈祥，不厌其烦地一遍遍给小王安讲解中国文化，虽然那时的小王安左耳朵进右耳朵出，只关心完课后的糖果是哪种口味。但是对中国人的性格有着深刻影响的那套注重实际的哲理——儒家思想，此时已经在小王安的心中生根发芽。

王安的父母属于知识分子，父亲王孙龙是英语老师，中医是他的兼职，并且还利用闲暇时间治病救人。俗语有云：秀才学医，笼中捉鸡。由此可见中医与中国文化的密切联系，王安自幼在王孙龙的熏陶下，不知不觉接受了大量的儒家思想。

我为什么如此不厌其烦地叙述王安学习儒学的经历，是为了说明“王安虽然移民美国，但思想还是中国的，所以从本质上来说还是中国人”这套理论，来满足狭隘民族主义者的自尊心吗？并无此意。王安也多次说过儒学对自己的巨大影响，这里介绍他接受儒学思想的经历，有助于更好地理解他在人生的节点上为什么选择这样或者那样——尽管这些选择在常人看来有点难以理解。

王安在自传《教训》中写道：我感到对经营事业的成功颇为重要的那些特性或者原则——如节制、耐心、权衡和简单明了——有许多从精神实质来说都带有儒家思想的色彩；同样，我相信通过为自己所属的社群服务可以感到一种精神上的满足的看法实质上也属于儒家思想。

而这只是他意识到的，在更深的层面，儒家思想在潜意识里也固执而持续不断地影响着他的行为，当然，不只是好的一面——比如他一直坚持的“家天下”思想。

1936 年，16 岁的王安高中毕业，同年，考入上海交通大学。

1937 年，日本开始全面侵华之后，上海交通大学迁入法租界，获得了一个相对和平的学习环境。

2. 上海人在纽约

1941 年，王安毕业一年之后，和八个同班同学一起为中央无线电公司设计制造军用发射器和收音机。而仅是几个月后，日本偷袭珍珠港，美国加入二战，战火烧遍全球。

王安和同学在吃喝都很难保证的情况下，全身心地投入研发收音机，但是有时候关键零部件都很难得到。一架运输机是他们同外界联系的唯一途径，这架运输机上不仅会有零部件和他们的吃喝，还有他们的精神食粮——报刊。也正是从这些报刊上，王安了解到远在大洋的彼端，有一个叫 IBM 的公司（前身是计算制图公司，现名"国际商用机器公司"）。正是在这次战争中，IBM 成长为一个一流的大企业，并且是研发高科技的先锋，很多新科技在战场上得以应用，如打孔卡、机关枪、防毒面具等。

王安在佩服盟军的技术同时，也从这些产品中汲取设计灵感，但是他想不到的是，他以后会与 IBM 有这么多的交集，并且是以挑战者的姿态出现。

伴随着日军轰炸机每周一两次的"假日鞭炮"，王安在这种环境里待了三年多。1944 年他撤到了重庆。

1945 年 4 月，王安获悉国民党资源委员会有派送中国工程师到美国工业单位接受培训的计划，于是报名考试，名列第二。他坐上飞越珠穆朗玛的"信天翁"，在一万五千英尺的高空，飞机没有气密增压，晕晕乎乎的他对未来的规划也是一团糨糊。王安并不知道去美国两年能做什么，他印象中的美利坚合众国还是《乱世佳人》里的一派田园风光，但是他毕竟远离了燎天的战火。

在美国参加培训的时候，王安和同批次去的同学因为"技术见习生"的身份受到了一些阻碍，王安进而生出了考研究生的想法。但是王安连成绩单都没带过来，而且也没有任何证书。那是 1945 年的夏天，因为战争的原因，青年大多服役，哈佛大学的生源很紧张，加上王安毕业的上海交通大学国际声望还是相当高的，就这样王安成了哈佛的研究生。

王安迅速适应了哈佛的生活，他的两位指导教授后来获得了诺贝尔奖，分别是爱德华·米尔斯·珀赛尔和珀西·W. 布里奇曼，在这种学术大家麾下，王安也获得了一生受用不尽的指导。王安用两个学期的时间就达到了应用物理学硕士的要求，他在第一学期的成绩是两个A+，两个A。到此时为止，王安用自己的努力证明了他在哈佛存在的合理性，但是令他光耀一生的计算机，此时却扮演着无关紧要的角色，只是业余爱好罢了。

王安继续攻读博士，在闲暇时间，他和其他中国学生仍关注着古老而多灾多难的祖国母亲在战火中的挣扎。1955年，王安全家成为美国公民。

3. 让电脑有更大的"胃口"

王安在读博士期间，进了哈佛计算研究所（当时整个美国只有一台计算机），在MARK Ⅰ计算机设计者霍华德·艾肯的手下工作。MARK Ⅰ计算机诞生的时候是个不折不扣的庞然大物，有51英尺长，8英尺高，运转的时候，数千个机械继电器一起工作，根本听不到对面的人说话。但这依然不妨碍它成为美国历史上第一台靠电运行的二进制计算机。为什么叫计算机？因为设计的初衷就是为了计算代数方程式。

虽然计算机已经设计出来了，但是仍有许多问题亟待解决，如MARK Ⅰ计算机虽然比机械计算装置快得多，但是却比全电子计算机慢得多，因为计算机不是采用惯常使用的十个数字来进行运算，而是用电流的"通"与"断"代表二进制中的"一"和"零"——这是最简单明了的做法。此时计算机的运算速度就取决于线路从"一"到"零"的转变速度，继电器的转变速度在百分之一秒内，真空管的转变速度在千万分之一秒内，所以研制真空管是一个重点，当时很多人着眼于运算速度的提升，却忽略了另一个问题，或者说没有意识到运行内存的重要性，包括正在研发如何扩大运行内存的王安。

计算机有十分精密的系统，和人有很多相似点，假如说CPU是大脑、主板是骨骼的话，那么RAM就是人的胃了，它决定了电脑能吞进去多少东西。现在，计算机的运行内存依然是人们选择计算机的重要依据，在手机运行内存都向4G、6G飙升的年代，对电脑的要求更高。但是在20世纪40年代，研究人员花费上千万美元也只造出来几百个字节的计算机。

1948年5月18日，艾肯博士把一个有关计算机信息存储的问题交给王安解决——如何不通过机械运动即能读取磁记录。这是王安一生的转折点，他以新来者的无知无畏打破常规，富有创新地解决了计算机的存储问题。就像同时期发现晶体管和激光一样，王安没有意识到自己正在创造永垂史册的奇迹。

对于这一永垂史册的发明应当有相当篇幅的说明，但因为专业能力有限，我尽量较为通俗和简洁地将其表述清楚：磁芯存储器——磁性有一个特点，可以把某一方向的磁通存储起来，即使计算机电源关掉之后，信息仍将被保存，正磁通可以视作二进制中的"一"，负磁通可以看作二进制中的"零"。但是一个问题是：磁化方向改变，信息将被抹除。

王安在很长一段时间都苦思不得其解，某天在哈佛的校园里终于顿悟了：我为什么纠结于如何让信息不被抹除，被抹除的信息我可以在事后重写下来就可以了嘛！就像很多人走了很远，却忘记了为什么出发。

1948 年 6 月 29 日，激动得"打摆子"的王安跳着走出了哈佛的校园。

打通思路之后，就是材料的问题。王安后来采用一种名叫"德尔塔麦克斯"的镍铁合金造出了磁芯。

4．王安：一个中国人的名字

1951 年，王安脱离实验室，决定自己创办公司。创办公司是一个繁杂的过程，我们细细来说。首先，王安确定公司名称为"王安实验研究公司"，英文名"wang laboratories"。这个充满了制药公司气息的名字本身就很有意思。

第一，王安如是说："我之所以用我自己的名字命名，一个原因是，当时我的期望是，我就是这个公司，因为它是我独资经营的。另一个原因是出于自豪心，我希望这个公司反映我的价值观念和我的渊源。"

这个"自豪心"就是源于满目疮痍的中国没有国际地位，在美国的华人只能从事洗衣做饭等工作，王安想证明华人也可以做一些其他事情——由此可以看出他对国家和民族的认同感多么强烈。

第二，叫“实验研究公司”而不是更为高大上的数字电子学公司或者其他，是因为王安在哈佛计算研究所的生活颇为令他怀念，所以取了一个如此相像的名字，虽然两者的规模和模式大相径庭。

第三，在英文名中，“laboratories”是复数而不是单数，王安一开始就没打算只做一家公司。就像马云创业之初就借来摄像机录下阿里巴巴的每一次回忆，他说这会成为阿里巴巴的历史，这种强大的自信心在王安的一个公司命名上也得以体现。

其次就是场地的问题，王安兜里揣着 600 美元，在哥伦布大街 296 号，一个 200 平方英尺的空荡荡的库房，在没有任何订单和合同的情况下，公司开业了。

最后才是设计公司标识，王安让波士顿大学的年轻人鲍勃·加洛为公司做了一个标识，总共花了不到三美元，这个标识王安用了 20 年。

当时一个磁芯只能存储一个单位的信息，也就是 1K 的信息量，而每个磁芯的售价是 4 美元。1024K=1M，1024M=1G，1024G=1T。现在我们用的最普通的计算机放到当时都是天价，由此也可以看到科技的进步多么惊人！

但是存储磁芯的销量有限，到 1952 年，王安公司赚了 3253.6 美元，比王安在研究所的薪水多一点点。

5. 冲击蓝色巨人

前文提过，王安最初是通过报纸了解到这个世界上有 IBM 这么一家从事高科技产品研发与制造的公司，作为同盟国，又从事相近领域研究，王安心里对 IBM 有一种天然的亲近感，但是这份亲近感很快就被撕碎。

王安初到美国时，曾应聘过 IBM，有一个面试官说过的话让他终生难忘：你知道我们是什么吗？我们是 IBM，是世界一流的公司，你个黄种人还想进我们公司，你还是去哪个汽车修理厂碰碰运气吧！

人们通常不理解这些“强人”对贫弱的祖国母亲爱得那份深沉，这也拉开了王安和 IBM 这场几十年恩怨情仇大剧的序幕。

（1）第一回合：完败

在第一个回合中，1924 年成立的 IBM 和创立公司一年的王安是竞争天平上两个极不对称的对手，这更像是一个稚嫩的孩子和狡猾的狐狸之间的交锋，孩子从狐狸那里得到了一颗葡萄，狐狸却叼走了孩子手中硕大的肥肉。

IBM 首先对王安百般试探，在确定他是一个"商业小白"之后，递出了藏有倒钩的诱饵：IBM 聘用王安做咨询工作，为期三年，而这只会占用王安每个月中不到一周的时间，同时承诺王安的报酬每个月不会低于 1000 美元，这在当时是一笔很可观的数字，生意一直起色不大的王安答应了。

但是 IBM 的交换条件是专利的优先购买权和王安的种种先进设想。单看到这里，觉得还算是公平的交易，但是 IBM 接下来玩的一手就近乎诡谲了。

前期 IBM 通过对王安的深入接触，了解到一部分专利内容，后来双方在存储磁芯的专利费上发生了冲突。在双方谈判的时候，一个叫维赫的发明家提出了专利诉讼，此时的王安如果不同意 IBM 的报价，就要自己出钱打这场官司。而后来的事情就比较隐秘，IBM 花 100 万美元买下了维赫的"电子中继线路"专利，而且要求其签订保密协议。后来以 58 项问题诘问王安，将王安 250 万美元的报价压到了 50 万美元，最终支付了 40 万美元。

借助王安的存储磁芯，IBM 成功进入商用计算机市场。后来 IBM 高管透露，40 万美元大概相当于王安专利价值的 8%。

王安虽然获得了一笔公司发展的启动资金，但却是以极不公平的交易交换而来。在这次交锋中，王安作为初出茅庐的"商业小白"，被 IBM 玩弄于股掌之上。

（2）第二回合：小胜

王安很快就和 IBM 打起了第二回合，风水轮流转，小说中仇人总会相见，现实中也不例外。

20世纪50年代末期，出版业发展迅速，IBM抓住商机，生产了照相排字系统，但是数百万美元的高价令人难以接受，有人将其嘲讽为：榴弹炮打苍蝇！电脑记录仪器公司的老总威廉·加思也看到了这一点，找到了王安，寻求合作。金钱和复仇的双重诱惑让王安与威廉一拍即合，制造出纸孔带加工装置，市场反应很好。

王安在第二回合小胜一局，为什么说是小胜？因为在王安公司生产了70多台纸孔带加工装置，获得200多万美元盈利之后，突然得知，电脑记录仪器公司决定自己制造纸孔带加工装置。后院起火了！而且最坏的消息是，电脑仪器记录公司不仅已经学会了制造纸孔带加工装置，而且根据法律还不需要支付任何专利费。

被盟友捅的这一刀没有给王安造成很大的损失，但是却给王安上了非常生动的一课——商业是残酷的、无情的，只有利益是赤裸裸的。

（3）第三回合：大胜

IBM因其在计算机市场碾压般的实力，以及数千名管理人员都身着蓝衣的传统，被称为"蓝色巨人"。与之相对，新闻工作者们便把它的竞争对手诸如数字器材公司、亨纳威尔公司、控制数据公司、伯勒斯公司、数据通用公司、斯伯利公司和王安公司称为"七个小矮人"。

第三回合开始，"小矮人"王安率先发起进攻，此时IBM的企业规模是王安公司的225倍，外人看来王安公司的发难颇有点堂吉诃德的味道，没想到这次冲锋却真的让IBM遭遇了滑铁卢。七年之后，IBM的企业规模是王安公司的71倍。

当时的文字工作者，标配是几百美元的老式打字机，任务繁重、效率低下，与之相对，普通的蓝领工人，工厂里的设备价格平均到每个人头上，有上万乃至十多万美元的设备投入。而且当时美国正处于产业升级转型期，制造业比重下降，服务业比重上升，白领大大增加。王安嗅到了市场的风向，果断决定研发文字处理机。

1971 年 11 月，王安公司推出当时世界上最先进的 1200 型文字处理机，带有检索和编辑功能。因心肌梗死住院的 IBM 掌门人小托马斯·沃森在铺天盖地的报道中得知此事，当场晕了过去。

1972~1975 年的王安公司是极其脆弱的，IBM 是有机会彻底消除威胁的，但是 IBM 没有抓紧时间研发自己的文字处理系统，放任机会流逝。

1976 年，王安公司的一款变革性产品在纽约展览会上亮相了——这就是大名鼎鼎的 WPS，当然不是现在用的 WPS。这种机器能在键盘上直接修改文稿，能像普通打字机那样直接印刷文稿，甚至能在屏幕上看到编辑的过程。这种简便直接的工具在第一次演示的时候，就引起了巨大轰动！

1977 年，王安公司的营业额首次突破 1 亿美元大关。

（4）第四回合：碾压

王安公司在拥有了和 IBM 抗衡的资本后，乘胜追击。1984 年 2 月，在美国各大商业报纸上，王安曾连续刊登过一则颇有挑衅意味的商业广告："请让我们试一试，我们就会在阁下的订单上把 IBM 吹走！"事实证明，王安的广告并非全是吹牛。

1986 年 1 月，美国政府准备在全世界的美军空军基地上安装信息管理电脑系统。政府招标的时候，有许多大型 IT 公司参与竞标，IBM 此时仍是不可动摇的老大，但是令人目瞪口呆的是，王安公司逐一击败了包括 IBM 在内的所有竞争对手，拿下美国空军基地信息管理电脑系统的安装资格。这是一个总金额高达 4.8 亿美元的大单，也是王安公司成立以来接到的最大合同。

这似乎预示着在市场上高歌猛进的王安公司将取代 IBM 成为新的计算机龙头老大，但是趋势始终只是趋势，现实仍是现实。一向擅长权衡和节制的王安也不免犯下感情用事的错误，为以后王安电脑帝国的分崩离析埋下祸根。

由此我们已经整理出王安在中国的 25 年生活经历、在美国的求学生活，以及与 IBM 交手的始末。到现在为止，我们感受到的是，王安电脑——这个华人一手缔造的企业，生机勃勃地在美国这片土地上昂然挺立——事实可能比我们想象的还要好。

王安公司的雇员最多时达 3 万余人，年营业额达 30 亿美元，1986 年他曾被列为美国第五大富豪；1989 年进入“美国发明家殿堂”，与爱迪生等大发明家齐名；1990 年，里根总统在自由女神像下向 12 位杰出公民授予“美国总统自由勋章”——这是与“国会金质奖章”并列的美国最高平民荣誉，王安赫然在列。

在王安的故土中国，他也受到了非同一般的礼遇。1986 年，邓小平在人民大会堂会见王安，握着他的手赞赏地说：“你在美国很出名，现在家大业大，这都是你自己奋斗出来的呀！”彼时的中国，改革开放的春风刚刚滋润了一片沿海的土地，人们普遍比较贫穷，正挣扎着寻找致富的道路，此时已经从“阶级斗争”转移到“现代化建设”上来，贸然一见从国外回来的富亲戚，说不羡慕是假的。王安在中国也被热烈追捧。

但是“人无千日好，花无百日红”，王安公司在接下来的几年里急转直下，帝国大厦瞬间倾塌，当时的小虾米微软和苹果公司慢慢崛起，一生一死，循环往复，这或许正是商业的残酷，也是商业的魅力。

二、“二世而亡”的帝国

很多人对于王安公司接下来的发展非常不解，一家有着核心科技、招揽了大批哈佛和斯坦福高才生、在计算机市场占得先机的公司，却在短短几年内灰飞烟灭，媒体记者把它的毁灭归咎于王安的儿子王烈的领导不力。这是很重要的原因，但绝不是唯一的原因，历史的迷人之处就在于我们可以从不同的角度看到一件事情不同的侧面。

1. 一招错棋，痛失半壁

前文讲了王安公司和 IBM 的角力，王安公司从一开始的完败到后来的占据上风，但是这个局面并没有维持太久，王安的一次战略失误葬送了得之不易的大好形势。

圣人孔子被捧上神坛之前，也曾被人形容为"累累若丧家之犬"，圣人也是人，不免犯错，不免窘迫，更何况王安这个灌了一肚子洋墨水的普通人？前面讲了很多王安公司和 IBM 的恩怨纠缠，极为推崇儒家文化的王安一贯自诩"克制"与"权衡"，但是仍不免犯了感情用事的错误。

20 世纪 80 年代兴起了个人计算机的风潮，目光似鹰隼般犀利的"乔帮主"在 1976 年创办了苹果，并在当年生产了 200 台 Apple I 型电脑，IBM 一开始也没有意识到个人计算机的巨大潜力，但是凭借着在计算机行业半个多世纪的摸爬滚打锻炼出的商业直觉，IBM 识微知著，以罕见的魄力投入大量金钱，实行开放性政策，实现了后来者居上。这与 IBM 一贯保守发展的思路很是不符，由此可见 IBM 的决策力之强以及王安公司施加的压力之大。

值得一提的是，IBM 开放相应的技术标准后，大量个人计算机兼容机进入市场，计算机市场蓬勃发展，这些个人计算机兼容机生产厂家和 IBM 结成了一个松散却十分广泛的联盟，而且在三年内就研发了 100 余种软件。

王安公司意识到这一切并决定进入个人计算机市场的时候，已经很晚了，而最重要的是，王安不知是旧恨难消还是过于自信，他决定研发的个人计算机在稳定性和运行速度上也确实更出色，但是不与 IBM 兼容，导致了王安电脑没有软件可用的尴尬局面。

王安的对手由 IBM 变成了"IBM 们"了，而且还是自己一手把本可以成为"伙伴"的人推到了"敌人"的位置。

王安在个人计算机市场上的表现如此不堪，我们是可以推测一二的：

1）王安在哈佛研究所的时候，他的老师艾肯博士就坚定地认为计算机应该用作公共用途，甚至连王安申请存储磁芯的个人专利时，别人都为他捏一把汗，觉得艾肯不会同意。王安受此影响，陷入思维定式，觉得只能做大型商用计算机。

2）王安缺乏危机意识，王安公司的迅速发展使他过于自信，没有及时意识到个人电脑才是大势所趋，王安的思想转变太迟缓了，以至于他听到有人做个人计算机时，第一反应是：“这是闻所未闻的荒唐事”。

3）王安选择不与 IBM 兼容的策略可以说是一记昏招。最重要的是王安在决策时掺杂了太多的个人情绪，比如和 IBM 多年的竞争关系使得王安恨意难消，不愿走别人的老路；另外，王安公司和 IBM 的交锋偶有小胜，使王安错误地估计自己已经有了挑战 IBM 的实力，所以选择了分庭抗礼，而不是携手合作。

2. 传子不传贤

王安的战略失误并不是致命的，资料显示，王安有很多次机会扭转颓势，但是王安接下来又犯了一个更大的、根本性的错误——它为企业选定了一个不合格的接班人。

（1）“我就是公司！”

王安的儿子王烈于 1950 年在美国出生，英文名为 Ferderick，故有人称他为“王菲德”。王烈 1972 年从布朗大学毕业后，就作为程序员进入王安公司，从办公室系统营销、研发部主管、财务主管、执行副总裁等一步步爬升——这更像是太子登基前的历练，而事实却证明王烈的表现并不亮眼，但王安执意选择王烈作为接班人。

1）王安选定接班人的方式颇为专横，上一部分提到王安“过分自信”，这个说法已经相当委婉，更准确的措辞应该是“自负”，自负最直接的表现就是傲慢。这不仅使王安看不到外面一日千里的世界，也使他失去了聆听别人意见的能力。

举两个例子：有一次，IBM 总裁弗兰克·凯里邀请王安到 IBM 公司共进午餐，王安接到请柬后大为不满，“为什么要我跑那么远去纽约，他为什么不来波士顿？”王安让秘书立马打电话给凯里，说想要一起吃饭就要在一个距离双方差不多的中间地点。王安与 IBM 已经锱铢必较、针锋相对到这个地步。

在 IBM 集结了一帮个人计算机厂商围殴王安电脑时，王安寻求与英特尔公司合作，但被拒绝了。原因就是王安曾对前来拜访的英特尔 CEO 安迪·格鲁夫说过羞辱性的话语，格鲁夫曾写道：“我害怕的是我将被他那深沉的哈欠声所淹没。”

IBM的某位员工几十年前的一次不礼貌的面试为自己树立了一个强大的对手，而王安的一次不礼貌的话语则失去了一个强有力的同盟。看来，谦逊和礼貌是十分必要的。

2）“家天下”思想作祟。其实在王安卸任前后，最富有人望的人选是卡宁汉，这位跟着王安征战沙场 20 多年的老将，是为数不多的能影响王安决策的非王氏家族成员。但是王安将王烈作为“王储”培养的意图太明显，卡宁汉于 1985 年 7 月选择离职。

王安创立王安公司之初，就坚定地选择了独资公司的形式，他说：“我之所以以自己的姓名作为公司的名字，一方面是我在那时的期望是，我就是公司，告诉人们这家公司是独资经营的；另一方面是作为公司的创始人，我希望能够保持足够的控制权，这样，我的孩子便有机会显示经营公司的能力。”此时的王烈尚未出生。

在后来的经营发展中，王安始终对手中的控制权抓得很紧，就算有时候需要放弃部分股权，他也尽可能在事后购买回来。他不像是在经营一家公司，反而更像是在打造一个封建王朝——传给子孙的王朝。

（2）虎父无犬子？

俗话说“老子英雄儿好汉”，但是王烈接手王安公司之后公司“飞流直下”的情况说明，王烈作为一名管理者是不称职的。王烈究竟比他的父亲少了什么？

1）专业能力。计算机行业的发展日新月异，王烈也接受了很好的教育，但是仍远远无法与父亲以及父亲的敌人们相比。我们可以比较一下：王安是哈佛大学博士，可以说从计算机出现起就从事这一行业——甚至计算机的出现都有他的部分功劳；他的对手 IBM 掌门人小托马斯·沃森也是跟王安相争一生、平分秋色的人物；新生代的计算机界人物有比尔·盖茨和乔布斯，一个从哈佛辍学，一个从里德学院退学，都是在计算机方面有着过人天赋和独特想法的人物。

王安公司的发展离不开王安对计算机的深入了解和诸多天才的想法，他一只眼睛搞发明创造时，另一只眼睛不停地瞄着市场，随时准备发掘下一个“大热门”产品，而且不断创新：从无到有，从有到优，他被称为“电脑界的快枪手”。20世纪60年代后期，他们推出的台式计算器还在风靡市场时，王安就在动脑筋生产新的通用计算器来取代它了，包括王安公司的翻身仗——文字处理机的发明，都得益于王安的专业能力。相比之下，王烈就欠缺了许多，宣布的新产品迟迟推不出来，让市场一再失望。

2）决断能力。人教版初一《思想政治》课本上有一个故事——这个故事在很多杂志上出现过。暴风雨过后，一个小男孩在放学回家的时候，路过树林时看到了一个鸟窝，里面有一只嗷嗷待哺的小麻雀，他决定把小麻雀带回家喂养长大，但是走到门口，他想起来妈妈说过不让他在家养小动物，他犹豫很久，决定把小麻雀放在门口，先进门得到妈妈允许，妈妈答应后，他欢天喜地地出来准备把小麻雀捧回家，却发现鸟窝里只剩下一团血迹——麻雀已经被猫吃掉了。

是的，这个小男孩就是王安。

这件事对于一个六岁的孩子来说，冲击力是非常大的，以至于王安在很长一段时间里都觉得是自己的犹豫不决害死了小麻雀，所以他在回忆时写道：“那是我第一次懂得，遇事必须动手就干，不要犹豫不决。”

因为这样的领悟，他以后颇有一些惊世骇俗的举动，如他在哈佛实验室工作的时候，给自己的磁芯存储器申请专利——现在看来可能理所当然，但当时并不被大部分人接受。

何惠棠曾说：“我当时既为王安的举动骄傲，也为他的举动担心，他这样的行为，简直是在拿自己的薪水开玩笑，后来的事实证明，我的担心是多余的，在美国这片土地上，王安是不惜一切代价为自己谋出路的勇士、强者。”

后来在微软和IBM联盟之后，王安意识到个人计算机的重大意义，一改之前的傲慢姿态，马上调转航向，并邀请英特尔结为同盟，以及联络年青的微软，企图挖IBM的墙脚。虽然都没有成功，但是也显示出王安的强势与决断。

这与后来王烈掌权后方向不清、模棱两可形成了鲜明对比。王安公司的“三剑客”之一考布劳想做一个项目，王烈却把这个项目交给三个团队去做，考布劳与王烈的矛盾白热化，愤而辞职。在最后的全体会上，这位老臣指着幼主的鼻子道：“是你把事情给弄糟了，你不是当总经理的合适人选，你做出很多错误的决策，你甚至不知道自己正在做些什么……”

3）遇强则强。王安上学是直接从小学三年级开始的，是的，跳过了一年级和二年级。这样做的直接结果不仅仅是王安在一开始跟不上老师的进度，更重要的一个问题是：王安面临比自己高大了许多的同学如何自处？

这就像把一个不会游泳的孩子扔进水里，要么学会游泳，要么就会淹死。这样学游泳的滋味确实很难受，但是一旦学会之后，也不仅仅是取得游泳技术上的进步，还有很重要的一点——自信。自信是一种很重要的品质，尤其是王安发现自己不仅能很好地完成学业，还能顶住外来的压力——这对他以后去美国发展有着莫大帮助，人总是会碰到一些强劲的对手和艰难的环境，而在王安看来，后来的这些对手和自己的小学同学没有什么不同。

他带领王安公司一再向“蓝色巨人”挑战，虽然力量悬殊，但他毫不畏惧，想出种种措施，不断缩小差距，后来甚至能与 IBM 在某些方面正面抗衡，这种强者思维也是王烈缺乏的。

在公司内部，王安的“遇强则强”表现为一种个人的强势，有人这样评价王安公司：不像现代企业，而像是一个传统的中国家庭，他就是父亲，他知道一切，他让你怎么做你就得怎么做。每位领导人都有自己的领导风格，在这里我们不做评价，但是王安的强势是建立在自己对计算机行业无与伦比的把握之上，王烈没有王安的才情，却遗传了王安的管理风格，致使卡宁汉、考布劳等一众老臣纷纷离职。

4）不断试错。王安是学者出身，在向商人转变的过程中难免犯错，虽然王安公司的头几年发展就比较快，但是公司是一步步长大的，这就给了王安学习和成长的机会，他可以从容不迫地学习企业管理所需的东西，下一阶段就可以使用。就算是犯了错误，也不会造成致命伤害。

但是王烈就没有这种命了，他之前可能只驾驶过游艇，但是现在一接手就是一艘航空母舰，他没有试错的机会，因为企业大了之后，每一项错误的抉择可能都是致命的。

5）时刻反省总结的能力。在昆山图书馆，上了初中的王安喜欢在那里度过下午时光，不过与现代人钟爱网络小说不同，他最喜欢的是物理和数学，喜欢牛顿和达·芬奇。而在这座小得有点简陋的图书馆里，王安通过一本本书认识了这个广袤的世界，这对一个青年来说至关重要。在阅读过程中，他爱上了牛顿，不，他爱上了牛顿的精神（不是柏拉图式的爱恋）。牛顿因为苹果砸头发现了“地球引力”，王安对这种“对人们普遍无条件接受的观念提出疑问”的精神很是欣赏，也成为他后来选拔人才的一个很重要的标准。

后来他研发存储磁芯，同单位的福里斯特博士进一步提出用磁心组成矩阵，以精确确定他想读取的磁心位置——这是一个伟大的设想。王安在自传中写道：从那以后，我从来没有在脑子中闪现出第一个睿智的见解后就心安理得地不再去探索某一革新的各种可能的应用办法。

这体现出王安性格中的一个优点，他善于从各种各样的事件中汲取教训，改变自己的观念。但是唯独在选择接班人的问题上固执得不可理喻，大概也是因为只有一次，如果可以重来，王安将会如何选择呢？

1986年，王安36岁的长子王烈担任公司总裁并负责公司的日常业务，当年裁员2000人。

1989年，王安公司因无力支付2.09亿美元的欠款宣布“债务重组”，这年公司损失4.24亿美元。

1989 年，王安公司的几个负责人齐聚王安的家中“逼宫”，病危中的王安忍痛罢免儿子职务，此时离拥抱死神不足一年的父亲看着儿子不能接手偌大家业，不知心中做何感想。不得已之下，王安聘请之前有过让企业起死回生经验的爱德华·米勒出任CEO，米勒也确实不负盛名，将公司债务由5.75亿美元迅速降到1200万美元，但是同样因为专业能力的欠缺，米勒不能为企业找到新的动力源，王安公司陷入困境。

王安公司的股票价格从1983年的40美元降到1989年的6美元，1990年又降为3.75美元。王安去世后，公司还负债9300美元。王安公司的市场价值也从56亿美元跌至不足1亿美元。鼎盛时期的王安公司雇员达3.15万人，1992年却减至8000人。

1992年8月18日，王安公司积重难返，宣布破产。

而相比之下，王安的一生之敌IBM，却留下了著名的"IBM之道"：高品质的客户服务；产品精益求精。可以说，王安的私心一手葬送了自己的心血。

如同毛泽东所说："世界是我们的，也是你们的，但是归根结底你们的。"父亲是儿子成为男人的磨刀石，但最后都很欣慰能成为儿子的垫脚石，关键在于儿子是否有意愿、有能力踏上这块石头。

王安最后在他生活了30多年的林肯镇长眠，墓碑正面上部是一个圆形，里面凸刻着他的姓氏：王；"王"字下方，是它的大写拼音"WANG"，WANG同时也是昔日"王安电脑"的企业徽标主体，"王"者已去，只剩下墓园中无数的魂魄感受曾经的王者最后的荣耀。墓前的两棵常青树随风摆动，在静谧的墓园里思叹曾经的风云变幻，颇有点白云苍狗的感觉。最后摘录半阕词结束全文：

滚滚长江东逝水，浪花淘尽英雄。

是非成败转头空。青山依旧在，几度夕阳红。

第三章

海鑫钢铁：继承者们的混沌与秩序

中国台湾作家刘墉曾经在文章《借你一生》中讲了很多有趣的小故事，这里摘录一篇：

晚餐时，不知什么东西塞进大牙，突然痛起来，吃了两次止痛药都不管用。幸亏牙医是我每周一起打球的老朋友，第二天特别为我安排时间。

“怎么蛀了这么一个大洞都不知道？”他才看一眼就叫起来：“看样子得抽神经，你多久没来了？”

“很久！”我说。

“为什么不来？每个礼拜我们都打球，你却不来看牙。”

“都是你害的！”我笑笑：“因为我每次看牙，你都不收钱，害得我不好意思去了，一拖再拖，出了问题。”

人情，有时候很麻烦。中国是一个讲究人情、面子的国家，人情需要人们入乡随俗去体悟，它隐晦、充满试探以及盘根错节，这也影响了中国人注重社会和谐为本位的人文精神。

但是在管理中这种“人文精神”不一定时时产生好的结果，因为很多人把诸如当面批评视作“不留面子”，把划分利益视作“吃相难看”，甚至借钱打欠条这种事情都视作“不够意思”。朱熹解释“中庸”时曾说：“见其所行，无一事不得其中，即无一事不合理。”所谓中庸思维，也是“合理”思维，中国人在管理时习惯讲求合理，会具体问题具体分析，兼顾各方。过分崇拜“见招拆招”的结果就是很多创立之初就可以消弭于无形的问题越来越大，最后到了无法控制的地步。

往往是面子有了，却为以后的发展留下很多隐患。有追求和谐的愿望却没有与之相匹配的情操，这是很多人的问题。说到底还是因为没有清晰而明确的准则，造成大家都在小心翼翼地试探彼此的底线，力图在对方底线之上给自己攫取最大利益。

人，归根到底是一种利益动物。

就像海鑫钢铁，李海仓的突然去世造成了权力真空，但因为开始没有协商好一种得到广泛认可的“顺位继承人”机制，李海仓的儿子李兆会、弟弟李天虎等纷纷站了出来，希望能执掌海鑫钢铁。最后在李兆会的爷爷的干预下，权柄交到了李兆会手上，但是一个 20 多岁的在校青年，一个从没有掌管公司经验的入局者，终将海鑫钢铁带入悬崖。

虽说死者为大，但客观地讲，李海仓也负有不可推卸的责任。海鑫钢铁由极盛到极衰，李海仓死之后的“继承者们”，因为接班顺序紊乱引发的争执毫无疑问是导致海鑫这个钢铁怪兽偏离正常轨道的重要因素。

一、钢铁巨兽的非正常死亡

在李海仓的故乡闻喜县川口村流传着这样一个歌谣：“川口不川，三岭依山，岭上是旱地，岭下是碱滩，年年粮歉收，家家糊口难。”在农业立国的中国，自然条件如此恶劣的村子，人们连生存都有困难。

“现在我们每天的三个馒头，就有两个是李海仓给的。”川口人这句话形象地说明了李海仓对于闻喜县的贡献。

现在提起海鑫钢铁，大家可能只记得几个关键字或者些许的片段：枪杀；李海仓；胖胖的李兆会某一次公开接受采访时说“我不要做败家子”；以及八个月没有领到工资的工人聚集在海鑫钢铁门口等。

与这些津津乐道的戏剧性的转折相比，李海仓的发家史就少了一些传奇色彩，因为那个年代成就一番事业的杰出人物如过江之鲫不可胜数，李海仓就没那么显眼了。但是这个高中毕业的农村青年白手起家，挣得第一桶金后加入钢铁行业，用 15 年时间，建了一座占地 3.6 平方公里的钢铁厂，从开始的连拆带借的 40 万元启动资金到他去世前总资产冲破 50 亿元大关，总资产增长了 12500 倍，创造了“全国最大的民营钢铁企业”。

这些数字是如此辉煌，甚至震撼人心。大概只有站在改革开放的风口浪尖，顺应中国积蓄几十年的发展潜力喷薄而发的大势，才能在如此短的时间内创造如此辉煌的商业奇迹吧！

1．贵人相助，事业起步

1955 年 12 月，李海仓出生于山西运城。

1972 年，17 岁的李海仓从高中辍学回家，这已经是那个年代难得的高学历了。毕竟当时的人们普遍持有“读书无用论”，对上学不重视；农村落后的生活条件使上学变成一件极其奢侈的事情，17 岁的棒小伙，已经是一个合格的劳动力了。

但李海仓却没有像他的同龄人一样，被土地束缚一辈子。天生不安分的他很早意识到要挣钱，就要做生意，所以他先到闻喜县东镇川口村的榨油厂做工人，两年之后又在东镇川口村建了一个肥皂厂。1981 年，做了东镇川口村经销部经理。开经销部难免走南闯北，他那双大脚也几乎走遍了全国的省市。常年东奔西走，年青的李海仓有了超越同龄人的见识和格局。

李海仓并非商业天才，所谓“天才”，往往都是从笨蛋开始的。李海仓经营小卖部失败后，在侯马、临汾一带倒卖车皮，因为经常在火车站发运粮食和焦炭，认识了安泰集团的李安民。李安民是远近闻名的焦炭大王，李海仓主动给李安民当售货员，帮助安泰公司发焦炭，而且从来不提回报。时间长了，李安民对这位热心、朴实、勤奋的小伙子另眼相看。

李海仓获得了李安民这位商场前辈的指点——与其贩卖焦炭，不如自己生产焦炭。这句话是李海仓以后平步青云的登天之梯，所以年轻人谦虚、勤快一点没什么不好，那些大佬一句话的点拨可能就是你一生事业的起点。

李海仓拜李安民为师，学习炼焦技术，从生产的每一道工序到生产管理，从原料购买到成品销售，李海仓都如饥似渴地把这些东西一股脑装进了自己的脑袋里。可以说，抛开李海仓勤奋好学的品性，李安民的提携与扶持是李海仓发家非常重要的外部条件。

李海仓也对这位“师父”敬重一生，无论是管理几百人的联合炼焦厂还是几万人的海鑫钢铁，身份地位的改变不能改变李海仓对李安民的感谢之情。两人同时出现的场合，李海仓始终谦逊地站在李安民的身后。在以后李安民也进军钢铁行业的时候，“同行是冤家”的定律也没有影响到两人的感情，李海仓甚至还亲自带着工程师和图纸，帮李安民设计高炉。

真心这个东西，只能用真心来换。

1987 年 4 月，李海仓拿出卖肥皂、开经销社挣的 20 万元积蓄，联合大哥李天仓，与好友辛存海、侯岚云以四个人的名义向信用社贷款 10 万元，闻喜县国营白水泥厂又出资 10 万元，凑了 40 万元成立了闻喜县联合焦化厂。

民间有传闻称：李海仓、辛存海、侯岚云曾经“桃园三结义”，结成异姓兄弟。这种方式在 20 世纪八九十年代也十分常见，在缺乏契约约束的年代——人们也不喜欢冰冷冷的契约形式，而更倾向于对着关二爷或者孔老夫子发个誓。“结义”或者拜为“把兄弟”，就成为找寻同盟的一种很重要的方式。但是这种同盟又是很松散的，它只取决于个人心中把道义看得有多重，所以后来辛存海在李兆会接班中扮演的角色也颇为值得玩味。

2. 兼纳并蓄，大业初成

焦化厂建成后，因为运输问题难以解决，工厂迁址到东镇。当然，这年又亏损了，年底上门讨债的建行行长两手空空地来，又两手空空地走了。

从 1987 到 1991 年，李海仓成立了四个焦化厂，后来把四个焦化厂合并成闻喜县三铁联合焦化总厂。1993 年 9 月，闻喜县三铁联合焦化总厂与湖南冶金厅、河南冶金厅、上海冶金厅、北京铁路局共同投资 9800 多万元，以联合股份制的形式在闻喜县东镇成立山西省海鑫钢铁有限公司。

当然这些合并行为并不能说明李海仓的经营多么成功，因为不仅没有盈利，负债还很高。闻喜县农村信用社王主任曾于 1996 年间亲自查过焦化厂账务，这位王主任说，从 1987 到 1993 年，企业亏损已经达到 1000 万元，而工厂的经营资金大部分来自闻喜县农行、工行、建行。但是这是小马驹长成高头大马必须要吃的草料，“马儿想要跑，就要多吃草”，海鑫在金钱的滋润和李海仓等人的辛勤照料下，身子骨慢慢长成了。

1995 年，成立山西鑫光水泥有限公司、海信房地产开发有限公司。

2002 年 8 月，山西海鑫钢铁集团有限公司组建，注册资本 135.3 亿元。核心优质资产炼焦、炼铁、炼钢合并组成海鑫轧钢。

2002 年 12 月，海鑫轧钢变更为山西海鑫实业股份有限公司。

这时距李海仓被枪杀只有一个多月的时间了，李海仓还没好好品味自己多年打拼的成果，就被死神带走了。他的奋斗打拼更像是为儿子李兆会的出现做铺垫，他多年心血熬炼出的基业仿佛只是为了提供给李兆会如流星般划过星空的资本，这或许是李海仓留给儿子的最后的也是最昂贵的礼物吧，更是留给世人最沉重的一声叹息。

3．少帅接班，雏凤清于老凤声

李海仓的儿子李兆会的接班也历经了一番曲折，在后文中会详细叙述。仅从李兆会接手初期的表现来看，李兆会不仅是合格的，而且是优秀的。

2003 年，海鑫钢铁集团总产值 50 亿元，上缴利税超过 10 个亿，为当地财政贡献 3 个亿。这是海鑫集团发展最迅速、最好的一年，与此同时，李兆会凭借 24 亿元的个人财富排在胡润百富榜第 19 位。

2004 年，海鑫钢铁总产值 70 亿元，利税 12 个亿，当年全国民企纳税第一名。这一年，李兆会掌握实权的第一个大动作就是抛出 6 个亿进入资本市场。

2005 年，国家发布《钢铁产业发展政策》，在不利的市场形势下，海鑫钢铁年销售额 80 多亿元，净利润超 4 亿元。

2005～2007 年，海鑫钢铁主营业务连续三年收入蝉联山西百强企业第一名。

2006 年，李兆会入选中国富豪榜 400 名富豪，排名第 5 位，是上榜富豪中最年轻的企业家。

2007 年，海鑫钢铁主营业务收入 104.75 亿元，净利润 4.46 亿元。

2008 年 9 月 30 日，海鑫钢铁总资产 124.92 亿元，净资产 61.45 亿元。

也就是说，海鑫钢铁在李兆会手中，用了不到五年的时间，规模翻了一番还多。不仅如此，李兆会在金融投资市场也颇有斩获。

2004 年，李兆会以每股 3.7 元的价格接手了民生银行 1.6 亿股，总金额 5.9 亿元，一举成为民生银行第十大股东。2007 年上半年，李兆会抛售出 1 亿股，套现 10 亿元。这是李兆会掌权后的第一个大动作，也是他最成功的一次投资。

虽然数字是实实在在的，但这个数字里面有多少功劳是属于李兆会的，却有待商榷。并不是因为结局的灰暗就否定过程中的闪光点，一棍子把李兆会打死，硬要给他贴上“败家子”的标签，而是因为李海仓遗泽太厚。

1）盈利良好的企业。李海仓从一家土焦厂起家，经过一次又一次合并和修整，剔除冗汰资产，最终建立了海鑫钢铁。相当于一个小瘦子先是努力增肥，然后又努力减肥、练成肌肉，变成了肌肉男。李海仓去世时正是筹备海鑫钢铁 A 股上市的关键期，交到李兆会手里的就是一个打磨成型的具备良好盈利能力的企业，可以说李海仓留给了李兆会一头“现金奶牛”。

2）正确明晰的发展战略。李兆会在李海仓去世十年之后还曾说：他（李海仓）对海鑫的超常规、跨越式发展进行了非凡的引航。李海仓在战略布局方面的能力毋庸置疑，曾被称为“资本运营的魔术师”，他去世前已经为海鑫定下未来十年的发展框架。最实在的是，他去世前囤积了一大批原材料，并且是以相当低的价格买入的，李兆会上任后的成绩与此不无关系。

3)良好广泛的人脉圈子。李海仓与闻喜县委班子的友好关系自不必言，甚至李兆会对民生银行的成功投资和李海仓也不无关系，眼光敏锐、消息灵通是买股票的前提条件。

4）钢材行业整体飘红。李兆会掌权之后，正赶上钢材价格的上升期，不得不说，李兆会的运气很好。

4. 公子哥的“七年之痒”

从 2005 年 4 月开始，中国钢材市场的价格开始一路下滑，海鑫生产的钢铁价格开始大跳水，由 4800 元下滑至 4500 元、4300 元，然后到 4000 元、3000 元，最后落至每吨 2000 元，这几乎是成本价。

当时国家有关部门对钢材市场需求的预测是：2010 年市场需求约 3.3 亿吨。但是 2005 年的全国钢材生产总量就是 3.3 亿吨。换句话说，2005 年的钢材生产能力已经能满足 2010 年的钢材市场需求了。

全国钢铁企业进入了寒冬，而这场严寒持续得格外久，当时全国钢铁行业都做好了勒紧裤腰带过日子的准备，人们普遍认为会死掉一批企业，尤其是建设资金主要来自银行的民营企业。

这是最考验一个企业耐心与坚韧的时刻，这时，李兆会的优势与不足一览无余——年轻，年轻的有点过分。这位仓促接手的少帅前几年交出了不错的答卷，顺风飞翔是一件容易的事，谁能想到正在父亲的遗泽慢慢耗尽之际，钢铁业的寒流来袭，双重考验之下，海鑫已经到了生死存亡的时刻，只有最坚强的人才能带领企业生存下去。

可惜，李兆会似乎完全不当一回事。他在 2006 年元旦前夕安排 140 人的干部家属团赴南海观光旅游六天五夜；1 月 6 号，对完成任务的四个工厂各奖励 20 万元……这些举措也可以说是李兆会收拢人心的举措，但是这个“手大”的年轻人不开源、不节流，从哪来的钱呢？

2007 年，李兆会抛售民生银行 1 亿股股票，套现近 10 亿元，此后在资本市场也颇有动作并屡有斩获。2007 年海鑫在资本市场的收益达 20 亿元，即使在市场惨烈的 2008 年，其收益亦逾 10 亿元。所以李兆会在用从海鑫赚的钱投资股票，赚了钱再反哺海鑫。他很少回海鑫，而是在北京、上海、香港等大都市的灯红酒绿中流连，在股票和期货中一掷千金。此时的李兆会的事业重心已经完全不在海鑫。

“共富贵易，同患难难”，李兆会在最初两三年的励精图治后，还是显现出一个年轻人的好大喜功和虚浮游移。李兆会对海鑫已经产生了“七年之痒”，不能给他带来刺激感的海鑫在他心中沦为了“黄脸婆”，他一再在资本市场上找到想要的东西。上任之初面对尸骨未寒的李海仓对海鑫立下的誓言更像是一个不痛不痒的笑话，毕竟，海鑫钢铁只是一个“童养媳”，

“资本市场”才是李兆会自由恋爱的对象。

管理者都是这种心态，更何况是执行者。后来前来提货的客户必须打点好李兆会的亲信以及仓库管理员才能顺利把货取走。“果实从内部开始烂”，海鑫败象已露。

从2008年下半年年开始，受国际金融危机的影响，钢铁市场低迷，海鑫钢铁停产达半年之久。

2014年，据《财经》杂志调查，海鑫钢铁现有负债及对外担保数字约为104.59亿元，而整个海鑫集团的账面资产为100.68亿元，这意味着其负债率超过100%，面临破产重组的危险。

李兆会的金融投资也陷入窘境，自投资民生银行后，李兆会动作频繁且魄力极大，经常进行快进快出的投机操作，虽偶有斩获，且不乏漂亮手笔，但投资没有主线，海鑫钢铁现金流被严重拖累，2012年爆出的违规减持就是最好的明证。

这时从海鑫钢铁这头老牛身上不断抽血的危险显现出来，抽出血后又不能造出新的血并返注回老牛身上，原来的海鑫钢铁一再衰弱，终于连吃草（铁矿石等原材料）的钱都没有了，老牛除了轰然倒下别无他路。

5. 李海仓的经营之道

李兆会的种种措施显示出他在钢铁行业上的无力，那么我们来看看李海仓是怎么“管钱”、“管人”以及处理“政商关系”的。

（1）管钱

李海仓有很多头衔，其中一个是“资本经营魔术师”。李海仓认为资本经营有三种最佳模式：一是上市；二是低成本扩张；三是最大限度的增值有限的存量资本。他选择了第三种模式：用别人的钱、明天的钱，办自己的事、今天的事。

“红顶商人”胡雪岩有一个观点：“八个坛子七个盖，盖来盖去不穿帮，这就是做生意。”可理解为坛子是实业，盖子是融资，穿帮是挪用资金；坛子、盖子虽然重要，更重要的是“不穿帮”，只要盖子不穿帮，不拆东墙补西墙，现金流不断，多元化发展企业才有实际意义，否则只是用银行或股市的钱来吹肥皂泡。

李海仓深谙此道，在海鑫有 2000 万元资产的时候，他就上了 8400 万元的固定资产项目，从炼焦转为炼铁；在资产有 2 亿元的时候，他就上了 4 亿元的项目，包含炼钢、轧钢等；在有 10 个亿资产的时候，他就上了 13 个亿的项目；在有 20 亿元资产的时候，上了 22 亿元的项目。

在产品控制的时候，海鑫分成了产前成本、产中成本、产后成本。产前成本是海鑫集团在所有项目投资建设中，全部形成工期的最短化，也就是这个钱埋到地里，就要尽早地催熟开花结果，让钱早日生钱；产中成本也就是用最短的时间生产，尽可能的节约成本；产后成本也就是海鑫掌握着客户的大量预付款，这些预付款主要表现在海鑫的产品质量保障和让利销售方面。

李海仓在钢铁新项目的选择上始终坚持“四个不干”：成本不是世界最低的不干；规模不是世界最大、最佳的不干；技术装备水平不是世界一流的不干；三年不能收回成本的不干。

“李海仓对于企业发展的远景目标和每一步规划都充满了希望和信心，总是保持着旺盛的精力，瞄准的都是中国一流乃至世界一流的目标。”正是这种“脚踏大地，仰望星空”的态度使得海鑫发展如同坐了火箭般一日千里。

（2）管人

《史记·淮阴侯列传》记载：上尝从容与信言诸将能不，各有差。上问曰：“如我能将几何？”信曰：“陛下不过能将十万。”上曰：“于君何如？”曰：“臣多多而益善耳。”上笑曰：“多多益善，何为为我禽？”信曰：“陛下不能将兵，而善将将，此乃信之所以为陛下禽也。且陛下所谓天授，非人力也。”

这就是“韩信点兵，多多益善”的出处，虽然马屁拍得刚刚好的韩信最后仍免不了“狡兔死走狗烹”的下场，但是文章中一个观点很有借鉴意义——刘邦勇猛不如樊哙，智谋不如张良，打仗不如韩信，那么问题来了：

为什么最后刘邦成了天下共主，而不是那三位？

李海仓曾经说过：“我没有三头六臂，事情是大家干的。你看，我不是冶金专家，钢铁厂是技术密集型企业，我不请专家行吗？我不是财会专家，我不请财会专家行吗？”专业的事交给专业的人去做，领导的首要任务是“善将将”，也就是知人善任。

历史证明：单打独斗永远难成气候！李海仓身边就围聚着一帮优秀的人才。

毕业于成都大学冶金专业的唐元位，做了20多年的炼焦炼钢，在得知李海仓建钢铁厂的打算后，二话不说就要辞掉湖南省祁阳县的县委书记一职，追随李海仓。李海仓还劝他这顶“七品”的帽子摘了太可惜，毕竟以后还有成为“六品”“五品”的潜力，但是唐元位就认准了李海仓，“我只想到一个自己能做点事业的地方去。”在他看来，海鑫钢铁就是能做事的地方。

“花多少钱我都愿意，我只要人！”李海仓在医院里近乎咆哮地对医生说。1993年，总会计师孟景忠被查出得了血管瘤，李海仓得知消息，为他拿出10万元钱购买专用医疗设备。孟景忠出院后，有企业来挖他，开出的条件很有意思：“李海仓让你坐吉普，我们让你坐桑塔纳；李海仓让你坐桑塔纳，我们让你坐奥迪。”孟景忠说：“你给我坐宇宙飞船我也不会离开海鑫。”

至于三顾茅庐聘请海鑫集团副总经理刘国权，那更是一桩美谈。最后，刘国权被“他的诚恳、谦虚，他的魄力和长远设想”所吸引、所打动。

李海仓身上就是有这种魅力，他总有用不完的人才。

（3）政商关系

王健林说过诸如“在中国说远离政府太假了”“亲近政府，远离政治”之类的话，这确实是中国企业家面临的一个大问题。尤其是山西这种非常重视人情世故的大省。

李海仓在工作报告中曾说过下面的话：

“海鑫的成功就在于将三个优势做到了极限，即省、市、县软环境发挥到了极限；海鑫这个体制好、机制好的机制优势发挥到了极限；企业家和企业领导班子把自我发展的经营管理及企业的决策能力发挥到了极限。

我认为海鑫的软环境比深圳经济特区、珠海经济区创造的软环境还要好。海鑫的土地、立项、水、电、交通等一系列问题都是书记、县长亲自抓，副书记、副县长任副总指挥。”

李海仓此言非虚甚至还有点谦虚，海鑫钢铁发展的软环境比说的还要好一些。闻喜县的有关职能部门在海鑫现场办公不少于100次，闻喜县委书记是海鑫建设指挥部的总指挥，副书记、常委、人大常委会主任、政协主席都是副总指挥。

闻喜县专门配置了一个副县长解决海鑫发展面临的各种各样需要政府出面处理的问题，比如要到老百姓地里架电线杆、架高线，由政府出面更省事省时省力。关于海鑫钢铁的土地问题，闻喜县派出副县长向山西省省长为海鑫争取批地299.9亩（省长的最大权力是批地300亩）。

闻喜县政府一直在为海鑫钢铁的发展铺路架桥，为海鑫的前行大亮绿灯，这样的待遇称得上绝无仅有。

李海仓是改革开放之后的第一批创业者，在市场经济不发达、管理条例不健全的年代，政府的分量不言而喻。李海仓与官员没少打交道，也就是“求办事”，所以练就了他八面玲珑的交际手段，在政府官员间左右逢源，始终小心翼翼。但是李兆会小年青一个，而且有留学背景，对这些他经常不假辞色。

“如今的李氏家族企业的主要掌管者（李兆会、李文杰、李兆霞）都是海归派，他们的想法较新且敢想敢干，但有时缺乏一份必要的虚心。”山西钢铁协会秘书长祝峰亮曾经这样点评海鑫钢铁。

纵观海鑫钢铁的历史，李兆会没有任何思想准备，就从学生一下变成董事长兼总经理，掌管一个数万人的商业帝国；接班时的李兆会只有 22 岁，在商道上稚嫩得一塌糊涂的年纪，却硬是扛起了海鑫的大旗；他有着一个儿子的坚守，对于父亲留下的千斤重担，他说："请让我试着干几年，如果不行，我再离开。"他有着过人的才华，在金融资本市场屡屡出手，并取得不错的成绩。

如果换一个身份，这份成绩都值得夸耀。但错就错在，他带垮了海鑫。

在发生危机时，经验的欠缺和年轻人天生的乐观让他有些轻视危险，致使危机进一步扩大；年轻人的天性好动和赌博心理让他选择了快进快出的资本市场，重心偏移；国外的求学经历使他漠视中国的"关系"，致使人才流失，与政府的关系渐渐冷漠。这些都是拴在海鑫脖子上的绳索，一点点绞紧，等海鑫意识到的时候，却已被勒得连"救命"都喊不出来。

二、幼主与权臣：谁是猎人？

2003 年 1 月 22 日，一声枪响引起了山西钢铁业的"地震"，李海仓被枪杀了。事情的起因很简单，他的同村同学冯引亮经营造纸厂亏损，炒股票赔钱，就要把转包自他人的土地以 160 万元的高价强卖给在他看来的"肥羊"李海仓，在被拒绝后恼羞成怒，用一把锯掉枪管的土枪结束了李海仓 48 岁的生命。

48 岁，一个男人最黄金的年龄。

冯引亮此前已经提着土枪转悠着找了李海仓几天，觉得"老同学连这点忙都不帮，不够意思。"又是一个把利益与情分捆绑的糊涂蛋！

1 月 29 日下午 4 时，李海仓的葬礼极尽哀荣，是当地最高规格的 48 抬杠，李海仓入土为安，但是因为李海仓之死引发的一系列连锁反应却是刚刚开始。时任闻喜县的县委书记董鹏翔说："处理李海仓的丧事不是简单的埋人。"

1. 谁来做接班人

在正式叙述接班风波之前，有必要对李家的家族成员进行一个简单的梳理。

李海仓的父亲叫李春元，他有六个儿子。老大李天仓是与李海仓一起创业的四元老之一，曾经担任集团总经理，后来退到二线，主管后勤；老二是公司的助理，主管海鑫钢铁的铁路运输和仓库，属于公司的高级管理干部；李海仓排名老三；老四最早给李海仓开车，后来被提拔为副总经理，负责公司纪检处的工作；老五李天虎毕业于华北电力学院，曾经在电业局工作，1993 年 3 月辞职进了海鑫，在基层工作三年，1996 年 10 月提拔做集团副总经理，2001 年开始担任总经理；老六李文杰在国内读完大学后，去澳大利亚攻读市场营销专业，回国后跟着李海仓在国内跑了一个多月，后来在公司管理销售。

这里的关键人物有三个：李春元、李天虎、李文杰。

不过我们应该回到最初的问题，这个问题不是“谁应该接李海仓的班”而是“接李海仓的班做什么”。的确，继承了李海仓 90%海鑫股份的李兆会是无可争议的法律上的继承人，但是选举一个接班人最多的考虑不就是能继续把海鑫钢铁做大做强吗？

可惜，后来很多人对于为什么选择李兆会做接班人都有着异口同声地回答：他是李海仓的儿子，他来坐这个位置更有利于稳定。但是不光是这个原因，在我看来，李兆会这个年轻人施展的权谋之术也占了不少的分量。

2. 李兆会的筹码

我们不应该忽视的一个事实是，李兆会虽然坐拥海鑫 90%的股权，但是在海鑫集团内部既无人望，又无管理经验，他是怎么一步步把实权操纵在手中的呢？换句话说，他与李天虎等人抗衡的筹码在哪里？

具体说来，他有三个筹码：

1）他的爷爷李春元。读者可能会说，一边是孙子李兆会，一边是儿子李天虎，孰轻孰重根本不好分清，他怎么会坚定地支持李兆会？而且一个农村老头对于各自已经成家立业的子女又有多大影响？

先简单介绍一下李春元。

闻喜县有一句口头语：“有困难，找春元，和 110 一样管用。”这令我想起了青帮大佬杜月笙，当时上海的底层人民也说：“有事，找杜先生去！”这句话充分反映了李春元在闻喜县人民心中的声望。

李春元曾做过大队书记，自己也经营一家年利润千万以上的企业，并且主要招收残疾人，他本人到过北京人民大会堂领过民政部颁发的全国助残模范奖章。在李海仓创业之初，他给予了大量支持，这样一个有魄力、有仁义、有功绩的老人，是家族里无可争议的大家长，所以他的话至关重要。

李海仓是他最得意的儿子，他的其他儿子基本都是由李海仓提携才有所成就的，所以他对这个儿子也格外偏爱。再加上李海仓突然去世，老人的一腔怜爱转移到李兆会身上也属自然。

2）李兆会身上有从李海仓那里天然继承的海鑫钢铁 90%的股权（李海仓早期创办过肥皂厂，手中有一笔当年看来很可观的积蓄，而另外三人都是教师，没有什么钱，投资 40 万元建立焦化厂时，只有李海仓一人出资。后来三人并未再投入资金，但是李海仓不断把利润再投入），从法理上来说，李兆会做董事长也理所应当。

要知道，不光是李春元，海鑫钢铁的全体员工乃至整个闻喜县的人都对李海仓有一种特殊的情感，这种情感也自然而然地转移到和其具有血缘关系的李兆会身上，48 岁死去的李海仓让人们不仅感激，还多少有几分叹息。李兆会的当选也确实有稳定人心的作用。

3）“敌人的敌人是朋友”，李兆会深谙这句话。李天虎和辛存海都是掌握海鑫钢铁实权的人物，一个在公司做了八年，一个是公司的创始元老，但是两个人相处并不和睦。他们在会议上经常争吵，闹得最凶的一次李天虎脱了鞋，在会议桌上敲得“砰砰”作响。

他们之间的裂痕也为李兆会提供了契机。

3. 太极高手：借力打力

2003 年 1 月 29 日李海仓下葬，这已经是农历腊月二十七，新年将近，但是李家没有节日的气氛。在到正月初五的几天里，李家连续召开了三次家庭会议，期间有过一些其他考虑和建议，但是李春元在会议开始前就请来律师做见证，并说："从继承遗产的角度看，只有我和海仓的母亲及海仓的妻子和子女可以继承海鑫，而我和海仓的母亲年事已高，海仓的妻子又没有这个能力，所以只有海仓的儿子来继承。"李春元一锤定音：李兆会接班。

李春元说："我给李兆会讲了，两年不让他表态，至少要培养两年。两个叔叔、几个常委研究好了你再表态就好了，他父亲搞企业时 33 岁，他是 22 岁。差 11 岁，我看以后他比海仓低不了多少，海仓是高中生，兆会高中就在国外上。他愿意听爷爷的话。"

辛存海也说："毕竟（李兆会）没有实际经验，也就是目前还不具备管理企业的能力。要学习、要提高，让他更多地参与。重要的事情首先在管理层做出决策，就是说集体领导的色彩比较浓。但是还有一个问题，表面上看是群龙有首了，但是很可能形成事实上的无首。集体领导的决策层也要有个主决策人，目前我们定的是以（李天虎）为主。"

海鑫钢铁专门成立"总调度室"，实行集体决策和集体领导，其中副董事长辛存海、总经理李天虎均是"总调度室"成员，握有实际决策权。海鑫钢铁还专门设立了监事会主席、副主席两职，分别由李兆会的爷爷李春元和母亲担任。

这样的设置自然无可厚非，可以说非常合理。但是他们低估了李兆会掌握权力的急切心理——或许当时还没有这么急切，但是接下来的事情急剧催化了这种心理。

正月十四，李天虎、辛存海、李兆会以及县委书记董鹏翔等人从山西出发，正月十五到北京。一是到北京召开股东会，通过选举，使李兆会接班完成必要的法律程序。二是公司的核心决策层亲自带李兆会从太原到北京，拜访股东、客户以及各种关系人和关系部门，开始熟悉董事长的业务。

李天虎、辛存海一众元老带着李兆会一路过来，拜访股东和大客户，李兆会充分感受到"傀儡皇帝"的尴尬，那些客户和股东只认李、辛二人，他们觥筹交错间冷落李兆会也很正常；而且李、辛二人也时不时流露出对李兆会的轻视。这次拜访之后，李兆会就迫不及待地筹划起夺权大计。

客观来讲，他们各自的心态都是很正常的，矛盾也是难免的。具体可以参照《康熙王朝》，康熙幼童一个，只是因为具有皇室血脉就是天生的主人；鳌拜厮杀半生，勇武过人，却也得向康熙下跪，所以难免桀骜无礼。但是孝庄皇太后是鳌拜正儿八经的老主子，天生具有压制属性，所以才保得康熙顺利登基。现在，李天虎就是鳌拜，虽然没那么桀骜；李春元就是孝庄太后，虽然没那么睿智；李兆会就是康熙，虽然没那么年幼。

李兆会利用李天虎和辛存海矛盾的爆发点，向李春元提出解除李天虎一切职务，李春元当然不同意。所以李兆会使用了孙子面对爷爷的必杀技，撒娇耍赖装生气，爷爷自然得哄哄抱抱。李兆会提出这个建议后就离家出走了，李春元慌了神，从闻喜追到太原，从太原追到北京，李兆会就是不见，最后李春元松口解除李天虎的职务，李兆会才答应回来。

李天虎还没反应过来就已经被斩落马下，等准备反击时，李兆会又往他怀里塞了个水泥厂。毕竟干不过人家，自己也落了实惠，李天虎捏着鼻子认了。亲叔叔尚且不在话下，更何况非亲非故的辛存海，于是在许诺每年 300 万元的分红之后，辛存海也被赶离了权力中心。李兆会的名片上终于印上了：海鑫集团董事长兼总经理。

4. 让我们一起摇摆！

李兆会在确认接班海鑫钢铁后对记者说：

“最后决定了由我出面来做。我想我作为我父亲的长子，既然这样做对这个企业有利，我自己 22 岁以前无忧无虑地生活，可以啦，人生也就 60 年，22 年就这样过去已经可以啦！我父亲还有很多未尽的心愿，要我们下一代来完成。我要照顾我的家，我的母亲和妹妹。公司是我父亲的，不能让它败在我手里。企业目前的条件比我爸创业时好了不止一千倍，我再做不好，就是我无能。”

可是这种话是有具体语境的，情况变了，心情没了，说过的话风一吹也就散了。李兆会自幼贪玩，十分顽劣。李海仓批评他，他还梗着脖子犟嘴：“你都没有关心过我，没有去学校看过我，凭什么管我？”还曾多次要求退学。

李海仓把他送到太原的一所私立学校，只给他基本的生活费用，李兆会吃了些苦头，但是仍没有大的改变，后来他向李海仓提出想换个环境，李海仓给他办了签证，准备送往美国，但他的六叔李文杰担心他自控能力不强，于是提出让李兆会和他一起去澳洲学习，由他来监管李兆会。《中国企业家》杂志披露过一个细节：

在杂志采访李兆会的时候，喝多了的李文杰，硬拦着记者不让问李兆会问题。他动情地说：“我现在管海鑫所有进出的钱，我一天要喝几顿酒，我一定干好这个企业，为了我哥，为了我这个侄子，为了我三嫂。我现在管原材料，我已经保证要在两个月内把这个搞好，管不好的话我辞职。”

一个热心、善良、冲动的人。

李文杰应该是李兆会除了爷爷之外最亲近的人了。但是 2009 年，李文杰也退出了海鑫钢铁的管理层，由李兆会的妹妹李兆霞担纲，有经验的管理者都出局了。李兆会在澳洲求学五年，也系统学习过一些企业管理和市场营销的知识。但是“江山易改本性难移”，“混世魔王”瞬间变成“乖乖兔”，这似乎不太可能。

从目前的资料来看，人们对李兆会的评价往往陷入两个极端。有人说他是金融投资的资本大师，但更多人说他是纨绔子弟。这两种评价各有道理，但是也都有失偏颇，李兆会是一个相当复杂的人。

他 22 岁仓促接班海鑫钢铁，却一上手就把它经营的风生水起；他少年老成，以雷霆手段清除争权者和顽固元老，迅速巩固地位，但却又能春风化雨，没有引起大的震荡；他醉心金融投资，仅投资民生银行股票就赚得盆满钵溢，显示了高超的能力，但却又坐视海鑫钢铁一跌再跌，束手无策。

这些截然相反的特质在李兆会身上融合得天衣无缝。我觉得思考他为何会做出这些事情的出发点和落脚点应该回归到他身上最本质的特征——不是李海仓之子也不是澳洲留学经历，而是一个青年，一个自幼泡在蜜罐里长大的青年。

青年的特质因为李兆会的生活经历，在他身上都被放大了——疾恶如仇、坐起立行、好大喜功又不失青年才俊的手腕，还有一点点理想主义。

但是因为李海仓没有未雨绸缪，没有在死前确定传承顺序，造成李兆会历经一番斗争才掌握权柄，内部元老受到了很大冲击，公司的管理层也人才凋零，并且产生了一个很负面、很隐晦且影响深远的结果——李兆会不再相信别人。所以他后来宁愿选择同样没有管理经验的妹妹李兆霞，也不愿聘用有经验的管理人才。围绕李兆会接班和夺权的斗争，为海鑫钢铁的衰落提前拉开了序幕。

总评

接班之战：进一步是荆棘，退一步是峭壁

众所周知，中国在1978年实行了改革开放，在1984年召开的十二届三中全会上通过了《关于推进经济体制改革的决定》。也正是在1984年，一大批企业如雨后春笋般冒了出来：35岁的张瑞敏被派遣到一家濒临倒闭的电器厂当厂长，他上台后宣布的第一条规矩就是“不准随地大小便”，这家企业是后来的海尔；技术工程师柳传志辞职下海，慷慨激昂地说“将来我们要成为一家年产值200万元的大公司”，谁料想20年后，当初要做200万元的企业竟然收购了蓝色巨人IBM的PC业务，这家企业是联想；王石在当时倒腾玉米起家，转而盖房子，2015年销售面积突破2000万平方米，这家企业是万科地产……

凡此种种，不胜枚举，著名财经作家吴晓波甚至把1984年称为“中国现代公司元年”。

而如今，30多年已经过去了，当年如过江之鲫的创业大军倒在冲锋路上的不知有多少，跌倒、奋起、挣扎、沉沦……在与众多的对手不屈地较量中，这些当年的小虾米练就了一身铜皮铁骨，成了响当当的巨鳄，但是商业上是没有人能笑到最后的，因为最后都会败给时间。

张瑞敏面对互联网的冲击，提出“再创业”的口号，已经半鬓斑白的他再次扛起海尔的大旗冲锋；柳传志再次出山；万科成了群雄逐鹿的决斗场。

当厮杀一生的老将不能“坐看云卷云舒”，还要重新披上战甲再次出征，我觉得除了壮烈就剩下悲哀。当年屠龙的勇士已经老了，但是传说仍在，怎么把宝刀磨得寒光逼人交付他人，实在是一个太大的命题。

何时交？

怎么交？

交给谁？

接班这件事，进一步是荆棘满地，寸步难行；退一步是悬崖峭壁，粉身碎骨。所以好好地规划，不仅十分必要，而且越早越好。

一、交班的前期准备

“你什么时候交班？”这是一句避讳的话，就像问男人的工资、女人的年龄一样，但凡被问到，总是心生不悦。私营企业就像是一个个封建王朝，企业主就像是一个封建皇帝，除了极少数的人被迫成为太上皇，大部分人都是只要不死，就必须将权柄握在自己手中。

有一次，我拜访一个朋友，临进门谈话的时候被他的儿子拉住了：“杨教授，求您个事，您能不能帮我问问老爷子什么时候退下来？”我答应了，在交谈时打了半天太极，这位朋友终于听懂了，他说了一句意味深长的话：“战士的终点是坟墓。”

这句话能代表一部分甚至是大部分企业家的心态，但不是一句“恋栈权位”能说清楚的。有几个方面的原因：

（1）这些“创一代”们不放心。不放心将自己几十年心血的凝结交给其他人，哪怕这个人是自己一手培养的接班人。

（2）事业给了别人，我做什么呢？很多企业家交出“舵手”的位置之后，往往无所适从，患上“退休综合征”，精神生活无所寄托。

（3）《大学》里讲“物有本末，事有始终，知所先后，则近道矣”，但是中国文化中很多是以“天行健，君子以自强不息”的精神让人开始去做，却没有一个很好的教导人“善终”的心法。纵然有，也是“功成身退”的臣子心法，可企业主却是对标封建帝王的人，是手里握着响当当权力的人。

我们讨论的是“自愿交班”的情况，还有不可抗力如生老病死引起的接班和因领导人不称职被解聘引起的交班，这两种情况也不少，但由于不可控，所以不纳入讨论之中。

（一）接班时间：越早越好

在接班时间上，因为文化差异和具体情况不一样，各国、各地区也有明显差异。

港台企业确认接班的时间都比较晚，比如说香港珠宝大亨郑裕彤 86 岁才交出帅印给 65 岁的长子郑家纯；香港娱乐圈教父邵逸夫 104 高龄才卸任香港电视广播有限公司董事局主席职务；华人首富李嘉诚 88 岁高龄还尚未退出江湖；台湾“经营之神”王永庆 90 岁才交出权力棒……他们的成长史就是企业的发展史，对他们来说，工作的目的已经超越了养家糊口，而是为了实现自我价值。

欧美企业选择了另一种方式，就是花长时间考察、培养职业经理人。比如通用电气前任 CEO 雷吉·琼斯花了七年的时间培养杰克·韦尔奇，韦尔奇花了六年多的时间才将杰夫·伊梅尔特选定为接班人。欧美企业并不十分强调企业日常的管理权，如摩根财团和洛克菲勒公司，家族成员拥有所有权，但是不掌握管理权，企业依旧能长久传承。

日本企业则是成家之日就是接班之时。三井集团的创始人三井高俊有一句名言：“我宁可要女儿也不要儿子，因为有了女儿我可以挑选儿子。”“女婿养子”是日本一种独特的文化，在中国这种现象俗称“倒插门”，只有迫不得已才会用这种方式，但是日本企业家却习以为常，甚至作为一种重要的交接手段。三井、三菱、住友等公司传承了几百年，这种制度功不可没。

虽然对接班时间没有一个固定的规定，但不论是中国港台、欧美地区还是日本企业都有一个明显的特征，那就是提早培养接班人——他可以晚点接班，但是必须时刻预备。哪怕是在港台企业中，虽然这些第一代都退休比较晚，但是关于退休之后的公司管理，早就设计好了。如王永庆虽然 90 岁才算正式退休，但是却早就组建了“七人决策小组”，所以，台塑集团进入“后王永庆时代”后，并没有引起很大的动荡。

对于企业家来说，首先应该改变心态。现代企业尤其是做大之后的现代企业，不仅仅意味着家族效益，而更多的是一份社会责任，如何让企业永续经营是头等命题，而企业家也不是“家天下”时代的帝王，况且封建帝王也有为了江山永固而牺牲小我的例子，更何况企业家呢？

交接是企业永续经营的重点，企业家应该树立一个观点：人总有干不动的那一天，趁着自己能干动，早点培养接班人，“扶上马，送一程”是最稳妥的方式。

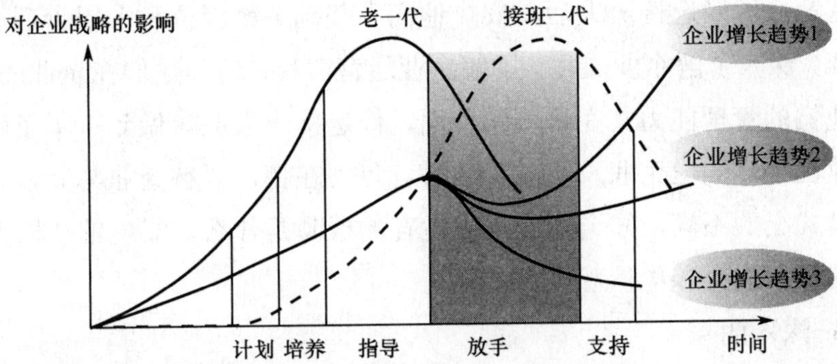

上图为接班“三维时空”图，比较直观地说明了老一代和接班一代的时空关系对企业增长的影响，大家可以做一个参考。

不光要对选择接班人进行全面打算，企业家最好还能做到以下几点：①确定自己的退休时间表；②培养一种兴趣爱好，在退休后依然能找到自己人生的价值；③早点培养或者寻找一个合格的接班人。

这是一份自测表，如果出现了其中一半以上的“症状”，就应该把接班提上日程了。

1.出门之前要找半天钥匙、眼镜、皮夹、重要文件在哪里	
2.想不起人名、地名，经常问“那个人叫什么？”“这是哪？”	
3.经常说“我当年怎样怎样”，距离取得让自己骄傲的成就过去了十年以上	
4.出差回来疲惫不堪，难以恢复	
5.对下属的失误懒得管，连生气都没劲	
6.对金钱不再有旺盛的欲望，觉得面子更重要	
7.晚上不想应酬，不想出门	
8.自己的眼前都是一些上了年纪的老将	
9.经常听到同学、朋友去世的消息	
10.对报纸杂志上的新词弄不明白，与年轻人交流有困难	
11.开始被人说“你怎么那么啰唆”	
12.求稳、求慢，犹豫不决，经常说“再等等”	

此外，我还设计了杨氏“532接班模型”，这是针对众多企业进行的一般性总结，也就是解决如何进行合理的交接过渡的问题。

5—初入期

在甄选好候选接班人后，安排他们在基础关键岗位和中层管理岗位轮岗五年，深入了解企业文化，了解企业运营流程，培养他们在企业的人脉，历练他们的管理能力。在这五年里面，候选接班人应该做到：①了解自己的企业优势。知道企业及产品的核心竞争力在哪，了解企业与其他企业在销售模式上的不同，知道企业赖以生存的根基是什么。②能够认同并接受企业的经营理念和价值观。

3—深入期

独立负责某个有挑战性、能够激发候选接班人潜能的项目，比如做事业部经理或者分管财务的副总等，培养他管理、财务、沟通、对外关系、战略意识与眼光等综合能力。这个时间至少三年，这三年要着重培养：①凝聚人心的能力。人才很重要，让人才跟随自己也很重要。②理解和精通数据。

2—升华期

协助CEO工作，做CEO助理等，了解企业的全盘生意，这个时间至少需要两年。

（二）接班准备：观察内外因

即使第一代创业者愿意交，但是还有很多因素需要考虑，就像站在车水马龙的十字路口，需要看前看后，看左看右，因为一代和二代面对的环境有很大不同。

1. 外部环境

第一代企业家所处的市场环境基本上属于机会主义市场，公平竞争环境还没有形成，竞争的游戏规则还没有明确，个人决策速度是企业制胜的关键。只要企业家能优先把握机会，抢先进入某个领域，基本上就能分得一块蛋糕。因此，第一代企业家能敏锐洞察机遇，把握机会，有很好的直觉思维和感知力，并且有非凡的魄力和创新精神，这些人普遍具有突出的人格魅力，如柳传志、张瑞敏、任正非等俱是如此，中国过去的市场环境决定了有这些特点的领袖人物能够脱颖而出。

现在中国的各产业已经发展到了一定程度，新的市场竞争格局已经形成，企业和商业领袖面临的机遇和环境不同了，机会主义时代企业赖以成功的要素在今天已经变成了企业发展的障碍。

过去的企业家是冲锋队队长，要在市场中摸索出一条道路，但是毕竟还算在浅水区。但是当今世界发展一日千里，全球竞争深沉如海，企业家必须变成领航员才能更好地带领企业前进。从冲锋作战到运筹帷幄，对企业家的要求也不一样了。

2. 内部环境

除了外部环境的转变之外，企业自身发展阶段的变化，也对企业家素质提出了不同的要求。创业时期或者高速成长时期需要的是创业激情，是企业领袖身先士卒的感召能力。中国第一代企业家或多或少都有一种革命式的创新精神，是具有政治家思维的企业家，善于通过口号式、运动式的方式驱动企业的高速发展。第二代领导人需要把激情建立在理性的基础之上，要形成明确的战略观点，致力于企业系统的管理升级和文化变革。

3. 两代企业家的素质和能力差异

内外环境的不同，使得两代企业家所需的素质和能力也不一样。第一代领导人是个人魅力型的企业领袖，第二代领导人则是团队领袖；第一代领导人个人意志决定企业意志，大权独揽，第二代领导人则需要善于授权；第一代领导人做事凭直觉、凭经验，领导更像是一门艺术，而第二代领导人需要艺术与科学的结合；第一代领导人是经验型的，第二代领导人是学习型的。

相比于第一代领导人而言，第二代领导人面临的挑战更为复杂和多样：

第一个挑战是企业业绩和公司成长的压力。在机会稀缺的新环境中，企业很难再保持过去那种高速度的成长模式，但过去成长的惯性往往使第二代领导人面临着成长压力，被迫追求短期业绩。

第二个是信任和支持的挑战。第一代领导人带领大家打江山，员工自然崇拜他，信任他，跟他走。而第二代领导人要么是空降兵，要么是子承父业，他面临的是不够充分信任的文化环境，要树立自己的威信和权威，需要有个过程。

第三是团队再造的问题。从过去依靠个人转变为依靠团队，要处理新老创业者之间的矛盾，企业家要再造和培育团队，自己成为这个团队的领袖。

第四是文化再造的问题。第一代领导人靠言传身教形成一种企业文化，得到大家认可。第二代领导人的思维方式和行为方式肯定有所不同，要重建与整合企业文化，在继承的基础上进行创新，既不能照搬，也不能推倒重来。

第五是适应全球化竞争和技术变革对领导能力的挑战。第二代领导人需要具有全球视野，对技术的进步保持一种战略性的本能，同时领导者不能独占信息，要学会沟通。

（三）接班人的关键素养和能力

这是一个很重要的问题，企业不能单纯地因为这个人有才华、在世界500 强企业做过高管、拥有博士学位，就觉得这个人可以用。这是非常错误的，唐骏之于新华都，吴士宏之于 TCL，都说明鞋子贵也不一定合脚。

1. 国内外的接班人选择标准

纵观世界各国家族企业接班人选择，接班人主要来源于：家族成员、企业成员、职业经理人。三种选择方式各有优劣，比如说家族成员“更令人放心”，而且有数据显示，一般来说家族第二代比第一代更为成功，因为他们从第一代身上吸取了成功的经验和失败的教训。企业成员因为长年累月在企业中工作，所以往往有更高的权威，但是也往往囿于经验，视野有限。职业经理人有很好的专业素养，但是缺乏“以企业为家”的心态，往往以短期利益为目标，从而保证自己可以拿到高额年薪。

我们可以看出评价三种类型的接班人有很多的标准，具体到每个人身上更是千差万别，所以也形成了千差万别的评价标准。美国管理学家德鲁克认为，企业家应该具备决策判断、组织协调、领导实施、创新应变、承担风险等基本能力；具有健康的体魄、脚踏实地、雷厉风行、严于律己的作风；诚实、守信、沉稳的个人品质；有远见、有胆识等优秀的品质。

美国著名的家族企业研究者兰德尔建立了著名的接班人 7-C 行为特征考察图，从七个方面考察接班人的素质。

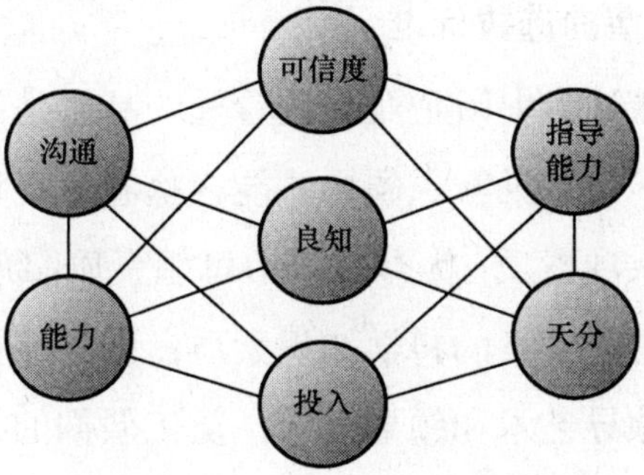

接班人7-C行为特征考察图

IBM 接班人计划是一个完善的系统，包括一个标准、两个序列、三种方式和评委审定。一个标准即领导力模型，包括四个方面和 11 项优秀素质，具体内容是：必胜的决心——行业洞察力，创新的思考和达到目标的坚持；快速执行的能力——团队领导，直言不讳，团队精神和决断力；持续的动能——培养组织能力，领导力和工作奉献度；核心策划——发现公司的明日之星并有意识地培养他，并且对每项素质的评价都是以事实作为支撑，其中业绩是所有支撑事实中的重要因素。

日本企业家在选择接班人时更看重能力和品质。中国兵圣孙武曾说：“将者，智、信、仁、勇、严也。”日本人从这“五德”中提炼出了现代企业领导者必备的五种素质：一是智，领导必须聪明，遇事能做出准确无误的及时合理的决定；二是信，依赖自己的下属并且能获得下属的信任；三是仁，体贴、爱护下属，时刻把下属的事情挂在心上；四是勇，有勇气，有魄力，处事果断，雷厉风行；五是严，遵守纪律，赏罚分明。

台湾企业家更看重能力和操守。李锦记内部有一部“法律”规定：企业股份只传给有血缘关系的后代；家族的下一代要进入企业必须先到其他公司锻炼三到五年，才能回到本公司任职，公正选拔、择优录取后，才有机会进入公司，而且表现不好，一样会受到惩罚甚至被开除。

由此可以看出，虽然东西方企业对接班人的选择标准及方式各不相同，但是都有一个明确的可衡量的标准，不是简单地以经营业绩作为标准而是以工作事实和经历来证明接班人具备应有的素质。

2. 适合中国国情的选拔标准

胡润中国财富榜认为中国企业家最看重的品质是：诚信、把握机遇、创新、务实、终身学习、勤奋、领导才能、执着、直觉、冒险。中国民营企业家应当具备的八项素质：优秀的政治思想素质；统帅全局的帅才素质；雄才大略和战略智慧；优良的科学知识素质；创新精神和应变能力；善于选才用才的素质；领导艺术和领导方式；员工敬仰的人格魅力。

根据我的企业咨询经验，再结合中国企业的现实情况，我总结了选择接班人要从以下几点着手：

（1）提升业绩的能力。对于中小企业来说，销售业绩是企业成长、发展的关键。光会讲空话、讲大话、讲套话是不行的，接班人没有创始人当年与大家同甘共苦、一起成长的创业经历和战友情，必须具有实实在在的带领团队做好业绩的能力，这非常关键。在培养期内，接班人赚钱能力强，才能让创一代放心，让一众员工安心，让客户有信心。

（2）健康的身体和坚强的精神。企业家拥有健康的体魄是企业成功的保障，企业领导者和员工的健康状况和精神面貌决定了企业的精气神。成功的企业家都把锻炼身体视为头等大事，比如李嘉诚早上六点钟出发去打高尔夫，霍英东一辈子爱好体育运动，网球、游泳、足球样样精通。

（3）诚实可靠。这是做人方面的品质，俗语讲“小赢靠智，大胜以德”，做生意最后拼的是做人的本事，而诚实可靠是与他人交流中最重要的部分。对客户来说，能建立长久的合作关系；对员工来说，老板“有人情味”，他们才会愿意跟随。

（4）领导能力。汉高祖刘邦智谋不能决胜千里，勇猛不足以荡平四寇，但就因为“擅将将”，谋臣武将浩如繁星，文有萧何、张良、陈平，武有韩信、樊哙、曹参，最终开创了汉朝八百年基业。

（5）决断力。有个成语叫“房谋杜断”，说的是唐朝两个宰相，房玄龄擅长谋划，杜如晦擅长决断，但是李世民更倚重的是杜如晦。做领导每天会听到浩繁的信息和不计其数的建议，如何挑选和决断是一项重要的能力。有意思的是，在长期的观察中，我发现了一个有趣的现象，如果一个企业家有几个子女，往往老大会比较自我，而老二、老三反倒是比较客观，这与普通人家正好相反。

（四）接班人的选择流程

做事情总有一个先后顺序，在接班这件事情上也是如此，并且呈现出一个线型的发展轨迹，需要以“程序正义”保证“结果正义”。

1. 确定企业未来发展所需要的领导类型

企业所处行业不同，对接班人的要求也不同。通过研究我们发现了以下规律：行业增长越快，企业 CEO 的任期越短，CEO 的年龄也相应越小。比如最近几年的胡润中国富豪榜中，不乏年龄偏小、出自 IT 等新兴行业中的新秀，像盛大的陈天桥、网易的丁磊、腾讯的马化腾，他们三十出头就上榜，非常年轻，这几乎是过去许多企业家创业的年龄。另外，行业竞争越激烈、变化越快，所选择的接班人就越要有创新精神。

2. 接班人关键素质和能力的评价

企业接班人不一定在各项技能上都有很大的优势，但一定要有关键素质和能力，如具有较强的管理和领导能力等。如西汉的霍去病少年得志，傲气冲天，在军营中蹋球，牛羊肉放到腐烂了也不与士兵共享，但是他的军事才能十分卓著，深入大漠八百里，封狼居胥，被封“冠军侯”，汉武帝评价霍去病的胜利是因为“天生富贵”。这么一个人物，身上有“槽点”，但是不能掩盖其无敌统帅的光芒。

但是在现代家族企业管理中，为了更好地识别和评价候选接班人的关键素质和能力，需要有一套科学规范的评价体系。

接班人遴选指标体系	个人能力	学历
		资历
		技术能力
		管理能力
	个人魅力	与同事的关系
		与家族主要成员的关系
		与关键客户的关系
		与创始人的关系
	家族利益	家族姓氏在企业中延续
		家族成员通过企业成长获得利益
		家族对企业的控制力
	企业利益	企业经营规模增长
		企业股权价值增加
		股东回报增加

3. 取得家族和企业利益相关者的共识和支持

企业接班人的选择是企业最为重大的事情，因而需要切实考虑各方的意见，征求家族内部、企业内部的意见，因为接班人上任后，在其经营管理企业的过程中，所有的利益相关者都会与其有千丝万缕的联系，如果在选择接班人时，他是各方都看好的人选，那么接班后，他的工作很容易得到大家支持。可以引进专业人士帮你确定接班人，在接班人的选择、培养、评价方面都可以请外脑介入。目前，在国外已经有大量的企业选择这个方式。

4. 建立反馈和评估机制

接班人选择流程的最后一步是建立反馈和评估机制，对所选择接班人的培训流程进行监督和反馈。选出接班人不是接班工作的结束，恰恰相反，它是接班工作的开始。要对接班人进行有效的培训，让他充分参与到企业的各项经营管理工作中，在工作中对其进行锻炼和考验，进一步观察他是否胜任。

二、三类接班人的培养方式

企业接班总的来说有三种选择方式：一种是子孙后代等家族成员接班，一种是企业内部的成员接班，还有一种是企业外部职业经理人接班。三种方式各有优劣，在不同的企业中有不同的适用范围，需要具体情况具体分析。

（一）子女接班人的培养

子女接班人的培养是一个浩大的工程，为了使这一工程顺利完成，我们需要考虑方方面面的因素。首先是子女个人的生命周期、心理发展阶段和职业发展生涯，其次是创业一代的生命周期、心理发展阶段，还要考虑企业发展阶段和家庭、家族的情况。这些复杂的因素决定了子女接班人的培养需要科学的理论和方法作为指导。

在国外，美国研究家族企业继承计划的著名学者兰德尔·S. 卡洛克和约翰·L. 沃德，通过考察大量的家族企业交接班案例，拟制了接班人职业生涯发展时间线：

年龄	接班人角色	发展目标
0~18 岁	家里的孩子，逐渐成长	对企业的积极态度，基础教育， 技能的培养和积极的工作习惯
18~28 岁	在家族企业外学习	高等教育：基础知识和组织技能培养， 开始事业探索
25~35 岁	职业管理者：在家族企业内部接受教育	发展职能专长，培养决策和解决问题的技能
30~40 岁	接班人：正式指定为继承人， 由高级管理人员或董事会成员指导	熟悉一般管理的全部流程， 培养负责利润中心的能力
35~65 岁	领导者：CEO 或者是高级管理团队成员	管理技能培养，增强自我意识，并接受继续教育
55~70 岁	董事会主席：领导董事会并支持 CEO	生活计划：开发其他兴趣和机会

家族企业的交接班分为三个阶段：第一阶段是子女培养阶段，子女不断学习企业经营知识，并开始到企业工作；第二阶段是父子合伙传帮带阶段，子女具备足够的企业管理能力，并参与企业部分决策；第三阶段是圈里传递阶段，创始人准备退休，管理权和所有权转移。

通过对全球知名企业的研究，我们总结和发现了一个培养合格接班人的规律和步骤：

接班人年龄	阶段	培养目标	培养方法	接班人角色及任务	创一代角色及任务	参与者角色及任务
0~18 岁	子女培养	治身之道：品德、兴趣和伦理道德	家庭教育	接触家族企业、基本教育、工作习惯	对继承人进行教育，主要集中于商业意识和伦理的培养	母亲和其他家庭成员传授家族伦理和文化
19~30 岁	子女培养	治家之道：专业知识	精英培养	高等教育、职业探索、外部生活与工作、成家立业	规划子女的专业知识，建议子女去大公司实习和工作	母亲和家族成员鼓励和支持子女的选择，并教导子女承担家庭责任
25~35 岁	父子传帮带	治理之道：管理技能	基层磨炼	全职加入家族企业，获得实际的专业技能；负责某个利润心，获得综合管理能力；养育子女，家庭和睦	传授商业技能、不干涉子女的工作选择	母亲和家族其他成员尊重子女的选择，妻子维护家庭的稳定和睦，企业高管协助工作
35~45 岁	父子传帮带	治企之道：经营决策能力	角色适应	担任企业高管，开发新项目或者进行新的投资活动获得创业经验，学习和董事会成员共事，独当一面	让继承人体验不同的学习经历和未来作为公司高层领导必须了解的任务：迎接投资、管理费用和产生利润的挑战，充分授权	母亲和家族其他成员配合接班人的工作，妻子维护家庭的稳定和睦，企业高管协助工作
35~50 岁	权力传递	治商之道：领导能力	权威积累	参与家族企业的管理和经营，获得领导经验、重大决策能力和治理智慧，接班	协助子女获得投资方、员工、供应商和顾客等相关利益者的信任和支持，权力下放，交班	母亲和其他家族成员配合接班人的工作，妻子维护家庭的稳定和睦，企业高管和董事会成员协助工作

1. 0~18 岁，家庭教育

家族企业创始人在年轻时压力非常大，对继承人问题可能不是很关心。但是事实上，这个阶段对下一代的影响很大，直接关系到他们将来是否有意愿成为继承人并且成为一名理想的继承人。如果家族企业创始人经常不在家，或者因为企业运营影响到家庭氛围，就会引起子女对企业的敌意，进而这种情绪会影响他们进入企业的意愿。实际上，家族企业创始人一方面应该把企业正在遭遇的困难向子女们公开，同时表示出克服困难的信心；另一方面可以邀请子女参与企业的经营管理，一起分享企业运营的艰辛和成功的喜悦。

在这一阶段，培养子女最好的办法就是良好的家庭教育和言传身教。这一点日本企业做得尤其好，比如日本的食品企业一般会在孩子幼时就对其进行“食育”，以培养其一流的味觉，增强其对食物的敏感度。

除了接班意愿的培养，还有一点非常重要，就是家庭伦理的教育。在李锦记，对于谁能够成为家族委员会的成员，家族宪法中有规定：谁最坚持家族价值观，并去实践价值观，就可以依照他的能力吸收为家族核心成员。

2．19~30 岁，精英培养

在这里提两点：留学教育和企业历练。

因为第一代创始人有着学历低的特点，在创业过程中，他们意识到学历对自己的限制，所以无一例外地选择让孩子出国留学深造这条道路。如李嘉诚的文化程度不高，但是他的两个儿子李泽钜、李泽楷均就读于斯坦福大学，接受了全面的精英式教育，不仅培养了他们专业的知识和技能，而且使他们了解到商业法则。此外也保证了他们提前在海外建立了一个朋友圈。

企业候选接班人学成归来，就会渴望进入企业证明自己的能力。此时应该让他们到家族以外的企业工作几年，特别是同行业的企业。一方面有助于让他们的工作成就得到准确的反馈，将无能力的候选接班人剔除；另一方面可以给家族企业带来新的管理经验并了解业界动态。

3．25~35 岁，基层磨炼

候选接班人较早地从基层做起，全面熟悉业务和管理，有利于企业团结。第二代继承人容易犯的错误，就是只了解宏观经济学的“帝王道”，却忽略微观经济学的“工作现场学”，对企业的各个环节、成本、利润点不熟悉，不知道怎样让企业良性发展。

福耀玻璃的曹德旺对儿子曹晖一再摔打，先是在车间干上六年，好不容易熬成了车间主任，又调到毫无根基的香港去做销售，刚有点起色，又扔到了美国管理企业。正是在不断摔打中，曹晖一步步成了百炼钢。

4．35~45 岁，角色适应

在这一阶段，接班人角色开始转换，成为公司的高管，参与公司的经营和管理。在企业已经历练了很多年的候选接班人，已经比较成熟、独立，父子双方在价值观、管理理念和投资战略等方面会产生差异，冲突不可避免。

美国学者 Pat B.Alcom 为了解决这一问题，将父子共同工作的合作管理模式分为四个阶段，在合作的第 10~16 个年头，分歧最大，合作度最低，这六年，就是候选接班人适应角色的六年，要早做预防。

5．35~50 岁，权威积累

这一阶段，是企业正式的权力转移阶段，这是由多种因素决定的。第一，候选接班人已经积累了足够的能力、智慧，在企业中也有了足够的权威。第二，创业者此时岁数大了，精力各方面跟不上了。第三，公司的运营情况。交接班过程的顺利进行与个别的绩效指标正相关，如公司的股票价格、净收益、销售增长率等。也就是说，与企业发展密切相关。

以上是比较传统的、一般化的培养方式，还有一些需要补充：

1．帝王道

这里并不是要讲帝王的攻心之术，而是文武双修的理念。在英式的精英教育中，必定会包括“拳击”这种充满冒险和鲜血的运动。因为在精英教育中，智力固然很重要，但是坚定的意志、充满男性风采的冒险精神也同样重要。

在英国王室中，一旦遇到战争，王室弟子作为士兵涌向第一线是一种义务。1982年，英国、阿根廷两国间的马尔维纳斯岛战争中，伊丽莎白女王的次子安德鲁王子，作为直升机飞行员从军，赴前线参加战斗。2007年，哈里王子也主动请缨奔赴混乱中的伊拉克。

当企业遇到危机时，掌舵者是企业的主心骨，一定要有力挽狂澜的体力和智力。这是培养帝王道的关键所在。

武，是耐力、毅力、领导力，这些素质在书本上很难学到，除了家长平时不要娇惯宠溺孩子外，还要带他们走出去，参加一些与应试教育无关的集体活动，如童子军、夏令营、爬山、野营，或者进行一些集体项目，积极培养团队协作和领导的魅力。

2. 独立

独立其实就是“断奶”，不光是生理上断奶，心理上也要断奶。现在因为社会的整体发展较快，加上计划生育的影响，一般一个家庭只有一个孩子，不要说是富贵之家，就是普通的家庭，孩子也会“集万千宠爱于一身”，但是这对孩子的成长是极为不利的。

毕竟孩子要长大成人，作为一个独立的个体进入社会这个庞大又协作生产的“大单位”，个人独立是进入社会大生产的第一步。现在的孩子尤其是优渥家庭出身的孩子普遍少了一种独立精神，遇到困难缺乏一往无前的勇气，而是转身在父母的羽翼下寻求保护。

如果家庭条件允许的话，送孩子出国留学是一个不错的安排。出国不光是很多人想的非常简单的“见点世面”，它是一个综合能力的提升。首先，到了一个人生地不熟的地方，对生存、生活能力提出了挑战，人的适应能力很强，但是固有的惰性决定这种“适应能力”不经常被唤起，所以外在环境也很重要。其次，在外语语境中，学习外语的速度会很快，这对于二代领导者是十分有利的。再次，不同文化的冲击，以及在国外见闻的不同有利于培养多元地看待问题的视角，这也是作为领导的一种重要能力。最后，扩展人脉，基本能出国留学的家庭都不会太差，而且这种异国他乡抱团取暖的学生时代的友谊也会真诚许多。

（二）企业内部接班人培养

曾经流行一句话“说你行，你就行，不行也行；说你不行，你就不行，行也不行。”这是典型的内部人信任原则。“后封建时代”企业接班人的基本选择方法可以归纳为：上级制定能力评价标准，并由上级任命接班人。

摆脱本土化、走向国际化的企业，不用国际化的选人标准，如何成功？下面讲讲集中选拔、培养人才的方法。

1. 针对性的培养方法

首先，精心设计培养路线，加强历练。

接班人培养有着严格的程序。通常要经历四个阶段：第一个阶段是训练各种职业技能，培养专业能力；第二个阶段是采用横向轮调的方式，让培养对象在不同的工作岗位上获得不同的工作经验；第三个阶段是实施强业绩导向的考核，使个人能力得到充分释放；第四个阶段就是要求领导者将个人的成功扩大到整个团队。为了保证能成为一个合格的领导者而不是一个业务高手，IBM 实行了“内部轮岗”，使得接班人对各个岗位都有所了解。

其次，分槽喂马，各尽所能。

柳传志经过长期的观察，杨元庆和郭为都进入他的视野，但是在两人中难以抉择，只好把联想一分为二。拆分之后，联想电脑由杨元庆接过帅旗，继承自有品牌，主攻 PC、硬件生产销售；神州数码由郭为领军，主管系统集成、网络产品制造。这算是柳传志继承邓小平“一国两制”智慧的缩小版，在企业内“分槽喂马”，后来，他又在地产、金融等领域用此办法选拔领头羊。

最后，赛马中相马。

百事可乐投资中国的时候，他会把这个投资行为当成培养人的工具来用：通过人力资源部门在国际部门间找 10 个有潜力的人，然后派往中国做分析调查。带队的副董事长会告诉他们怎么做以及一些详细的细节，这个过程是对公司文化、风格、理念熟悉的过程，一个项目做下来，不仅完成了项目，还发现、培养、锻炼了新人，挑出其中的佼佼者，就可以做以后接班人的苗子。

2．科学的学徒计划

在企业内部，尽管有很多人员可供选择，也还是需要一个培养的计划来让候选人成长，我们把这个计划叫作“学徒计划”。

（1）晋商的学徒计划

在中国古代，也存在类似的制度，如晋商著名的人身顶股制和学徒制。

1）启用企业内部老臣经营企业，将所有权和经营权分离。晋商的人身顶股制是西方期权制度的前身，在所有权和经营权的分离上，晋商推行得极为彻底。财东一旦选定掌柜，就会全权让其经营，而不会插手具体经营事宜。具体来说，凡是山西商号的掌柜、伙计都可以用自己的劳动力顶股份，而与财东（资本股）一起参与分红，但并非每个人都能持顶身股，需要具有一定资历者方可。

2）学徒制。晋商的人身顶股制与其严格的学徒制是分不开的。票号学徒的录用十分严格。学徒入号，须有人担保。入号前，由主考人当面试其智力，试其文字，通过的才能进号。入号后，总号派年资较深者进行培养。培训内容包括两个方面：一是业务技术，二是职业道德训练。严格的学徒制为晋商的经营积累了大量的大掌柜人选。由于学徒时间一般需要十年以上，东家也可以比较深入的了解学徒的能力和为人等。

（2）现代学徒计划

学徒计划是企业根据对接班候选人的关键能力和关键素养要求，定制出一系列的、针对行业特征（如电信行业，对 CEO 的谈判能力要求非常高）的适用于企业未来接班候选人的结构性职务层次、岗位轮换与培训计划。这些计划包括但不限于：

序号	培养项目		内容	方式
	类目	明细项		
1	价值观	家族、企业与个人价值观的契合点	帮助他校准调整方向，确保与家族和企业的文化、愿景相一致	首要培养项目 正式与非正式结合
2	技能培养	岗位轮换	各个关键岗位轮换，熟悉企业的运作流程，同时培养人脉	根据个人学习进度而定，非正式
3		职务层级	根据能力提升的进度，安排不同层级的职务，培养他的工作技能和管理能力	根据个人学习进度而定，非正式
4		高层直接指点	安排每月与企业内某领域最权威的人士进行一次交流，每年两三次得到企业家近身指导的机会	定期 非正式
5	知识培养	知识培训	这是大部分内部接班人的劣势，由于长期处于一个环境，与时俱进的视野不足，要在不同时段安排不同的学习。如 EDP、EMBA、高级管理人员培训等	课堂学习 短期

（三）外部接班人培养

对于外部接班人，更多的不是培养，而是考察。但需要培养的是个人与家族和企业的契合点，这一点非常重要。外部接班人参与管理企业有以下几种形式。

1. 让位职业经理人

1968 年，何享健带领 23 个人在广东顺德创办美的，一个街道工厂最终成了中国最大的家电生产商之一。何享健的子女多年前已经离开美的了，所以在 2012 年，何享健从一把手位置上退下来，职业经理人方洪波接手。虽然何享健已经不再是董事长，但仍然是最大的股东。这种做法在欧美很普遍，但是我们的一项调查显示：东亚地区 1000 多家企业的董事长和总经理都是家族成员。所以何享健这样的老板在东亚并不多。

何享健对职业经理人的激励包含两个部分：一是薪酬，薪酬直接和绩效挂钩；二是股权，让职业经理人有成为美的一分子的归属感。当然，这也是现在大部分公司的做法。职业经理人专业、冷静、高效，但这并不意味着职业经理人是一把百利无弊的剑。

2010年，美的受惠于“家电下乡”政策，年销售额达到1000亿元，集团上下一派喜气洋洋，定下了“五年内突破2000亿”的目标。但是在2012年，何享健毅然放弃了这个目标，转而把做精、做深定为企业发展的方向，为此调整了职业经理人的薪酬措施和激励方式，由与业绩挂钩转为侧重产品质量、品牌等。甚至不惜开除了一些人，让企业强行转向。

假如是职业经理人，他有这个魄力强行转向吗？会为长远利益放弃既得利益吗？

2. 家族接班人和职业经理人的分工合作

对于很多家族企业来说，家族完全退出企业经营是不太现实的事情。所以他们选择了另一种方式：家族接班人和职业经理人分工合作。

（1）家族继承人任董事长，职业经理人任总经理

这种做法的好处就是，一方面家族成员在董事会里可以发挥监督功能，另一方面家族的无形资产也能得到有效的传承。这是一种家族经理人与职业经理人分工合作的类型。在创业阶段，企业的创始人通常是专制的。但是在创业阶段之后，尤其是创始人退休之后，家族的下一代如果还采用同样的方法来经营企业就容易出现问题。所以很多创始人把企业带到成熟期后，第二代通常会和职业经理人转入合作的关系，而不是延续上一代的专制。培养接班人不是复制像创业者一样的企业领导人，而是要培养一个企业在下一阶段所需要的接班人。接班人的领导模式是跟职业经理人合作，而不是继续依靠专制管理企业。

（2）团队混合决策

另一种接班人与职业经理人合作的模式是团队混合决策。创办人在退休之前组建由职业经理人和家族成员组成的决策小组，创办人退休之后由决策小组领导企业，王永庆组建的“七人决策小组”就是典型的这样的组织。

国内民营企业的总经理有接近60%由非家族的职业经理人担任，这个

比例比中国香港、中国台湾和新加坡都要高，这些职业经理人50%是外聘，与创始人共同创业的非家族总经理占了近20%，由内部提升的非家族总经理只占30%。对于我们的企业来说，外聘多于内部提升是值得担忧的。是不是公司过于追求眼前利润，没有诚心与决心落实管理、培养提拔人才，还是能被信任、值得长期合作的经理人太难找？

中　篇

握住齿刀：股权与财富

第四章

杨协成集团：七个和尚没水吃

“三个和尚没水吃”的故事大家都听过，今天我们来讲一个“七个和尚没水吃”的故事：山上寺庙中，圆寂的老方丈座下有七个弟子，他们要下山挑水吃，老方丈留有一副金扁担，甲和尚比较勤快，挑水都是他的活，但是他总是占着金扁担不放，其他和尚连摸也摸不得。这样就引起了众怒，其他和尚非常不满，于是说甲和尚挑水的姿势有问题，屁股扭得不好看；不会选挑水的地方，水里有牛粪的味道等酸话，甲和尚一怒之下就不让别人喝挑来的水了，结果几个和尚不依，说这是老方丈留给我们几个的扁担，你凭什么占为己有呢？正争执不下，后山的老狼却把金扁担叼跑了。

这就是杨协成集团的故事。

一、成也“萧何”，败也“萧何”

这句话说的是萧何在韩信的人生中起到的重要作用：韩信最初投奔刘邦时，刘邦看这小子千里迢迢来投奔不容易，就封了他一个看粮仓的小官。后来萧何偶然和韩信交谈，感叹道：小伙子有才！韩信久居人下有志难伸，心有不甘，准备投奔项羽，萧何知道了，顾不得夜色苍茫，也来不及通知亲信，单人独骑追了韩信几十里，这才留下了“萧何月夜追韩信”的美谈，韩信最终拜大将军，成为“战神”，也离不开萧何的引荐。但是汉朝建立后，韩信有点尾大不掉的趋势，萧何将韩信诓骗到宫中，被心狠手辣的吕雉装进麻袋吊起，用竹签刺死——因为汉高祖刘邦曾对韩信许下“见天不杀、见地不杀、见铁不杀”的诺言。

这个小故事除了让人发出政治无情的感叹外，萧何对韩信的命运起到的作用也让人唏嘘感叹。“杨协成”这个品牌创立于19、20世纪之交，那时的企业都有着那个无常年代最常见的无常命运，兴衰起落只是过眼云烟，但最残忍的莫过于，挺过了无常岁月的杨协成，对外勇猛无敌、开疆拓土的杨协成，却败于家族的内部纷争。因“团结”而兴，因“不团结”而亡。

杨氏一手创办的企业，最后却不再属于杨氏，这是市场的胜利，却是家族的悲哀。

1．“你就像那一把火”

宋朝林洪所著《山家清供》中说道：“韭叶嫩者，用姜丝、酱油、滴醋拌食”，这是“酱油”这个名字最早出现的有据可查的历史。但是它的历史远不止此，“酱油”是它的大名，用过的小名有“豉油”“清酱”等。其实通俗点说，酱油就是酱放时间长了上面渗出的那一层汁，而中国的制酱工艺可以追溯到周朝；西汉时，酱油已经成为一种大众调味品了。公元755年后，鉴真大师东渡日本，弘扬佛法的同时也带去了中国的制酱方法，后又相继传入朝鲜、越南、泰国、马来西亚、菲律宾等国。

之前网络上出现过一篇“漳州酱油的万能吃法”的热帖，将酱油这种古老而百搭的调味品吃出了“万种风情”。漳州此地，以酱油闻名，现在大大小小的酱油厂林立于此，但是在百年之前，有一家企业在这里燃起星星之火，最终点燃了东南亚乃至全世界的燎原之火，它就是“杨协成”。

“杨协成”是一家企业而不是一个人的名字。

杨协成的创始人是杨仁溜（景连），1864 年出生的杨景连只上过四年私塾——但是并不能因此否定他的能力，中国乃至世界出身草莽却成就一番事业的人物太多了，杨景连在那个时期的创业者中算得上“高学历”了。

杨景连 15 岁就离开家乡福建晋江到漳州协兴酱园当学徒，他为人老实、肯干，加上不乏心思活络，所以在 19 岁就升任掌柜——这相当于公司的总经理职位。短短四年，杨景连就走上人生巅峰，但是比较无趣的是，杨景连的掌柜生涯做了 18 年，在这一个地方，蹉跎踌躇了 22 年。已经年近不惑的杨景连仿佛听到了命运的召唤，脑海中不断想起幼时私塾老师吟诵的一段话：后生可畏，焉知来者之不如今也。若四十而无闻焉，斯亦不足畏也已。

是啊，若四十而不闻，斯亦不足畏也已。

真的就这样了吗？杨景连躺在床上，辗转反侧，渐渐对这一潭死水似的生活厌恶至极。假如那时能穿越，我觉得他会爱上费翔的“你就像那一把火，轰轰烈烈燃烧了我”。这份比爱火更难浇灭的创业之火无可抵御，在心里蔓延成灾，最终杨景连用自己的半生积蓄40块银圆为梦想买了单，创办了“杨协成”酱油店。

这个名字很有意味，“杨”自不必说，是家族姓氏，“协”左边是“十字架”，代表了杨氏家族信仰的基督教，“成”则有“协力求成”的寓意，（也有一个说法是杨景连购买了一个“黄协成”的酱油店，就改名叫“杨协成”了，这种说法就了无趣味了）。年近不惑出来创业是需要很大的勇气的，试想一边是旱涝保收的当掌柜，一边是自负盈亏的创业；人说“男人四十一朵花”，40岁的男人的眼光、人缘、积累已经比较成熟，但是同样不再拥有20岁时“与天斗、与地斗、与人斗”的昂扬激烈，了无牵挂。

三两本事，二钱运气，外加一身胆量，本钱若干……1901年，杨协成就这样成立了。

2．杨家有子初长成

1913年，他的大儿子杨天恩降生了，杨景连属于典型的老来得子，此时他已经 49 岁了，以后又陆续有了四子三女，中国人对于人丁兴旺有一种近乎偏执的热爱，传宗接代总是最重要的事情，但是杨景连的愿望不止于此。

杨景连文化程度不高，但是他的几个孩子却都上了大学，个个成才，其中的杨天恩毕业于福州三一学院，杨天求获得东京大学政治学学士学位，杨天成获得南开大学物理学士学位，杨天华获得厦门大学商学硕士学位……五兄弟的教育背景和专业五花八门，这使得杨协成的发展获得了良好的指导。如此知根知底却又贴心贴肺的帮手别人想求得一个都难，杨家却有五个。而这五兄弟也如同罗斯柴尔德家族第二代的“罗氏五虎”一样，齐心协力，将一个小小的酱园做大做强，最终成为东南亚地区首屈一指的酱料大王。

1935年，71岁的杨景连身体状况不佳，杨协成的担子落到22岁的长子杨天恩身上，杨天恩带领着兄弟几个在新加坡打下一片基业，他自己也被称为“酱油大王”。

杨天恩接手杨协成的第一个大动作就是迁址，因为日寇此时开始荼毒中国，杨协成先是迁到了香港，但是仍不能清净，于是再迁，这一迁就是隔着重洋的新加坡，最后落址于武吉知马路——现在是有名的富豪居住地。

在工厂里，兄弟几个也有分工：长子杨天恩和次子杨天赐早年和父亲一起推销产品，分别负责新加坡协成酱园和漳州杨协成酱园的管理工作；三儿子杨天求和孙子杨至杰负责推销；四儿子杨天成管理账务；五儿子杨天华厦门大学毕业后也到了新加坡，任酱油厂营业部主任。

背井离乡是一件痛苦的事情，但是正当所有人觉得未来的希望大门正在缓缓打开时，没想到这份“痛苦”只带来了短暂的和平。日寇的狼子野心难以满足，在进攻中国的同时，向东南亚发动了侵略，新加坡也被铁蹄蹂躏了三年零八个月。在炮火攒射中，覆巢之下，安有完卵？日本军队往杨协成的工厂里扔了两颗炸弹，新建的工厂被炸成了一片废墟。

现在留存下来的五兄弟的一张合照上，五兄弟身穿西装，端坐于镜头前面，神貌很是相似，同样眉长目重，印堂开阔，鼻头山根挺拔，嘴唇宽厚，这在相学上是典型的忠厚相貌。依靠着踏实勤奋，杨协成惨淡经营，最终存活了下来。

因为战争期间难以找到工人，他们就自己动手，维持工厂运营。对于这一段历史，杨天成回忆说：“制作和推销人手短缺，大家都非常忙碌，我们实行全家总动员，家中不分男女老幼，凡是有工作能力的都到工厂里去工作。每天从晨光熹微到午夜时分，筋疲力尽，但是一家人毫无怨言。”

3. 潜龙出东南

前面讲到杨协成在炮火中艰难求存，像孙大圣被镇压在五指山下，任你何等本领高强也只能匍匐在地，仰人鼻息。但是豺狼虎豹总有被打退的一天，人们开始重建家园，杨协成也跟着起飞了。

日本投降后，因为大量企业在日本占领期间不堪重负高压而倒闭，剩下的企业凤毛麟角，杨协成就是其中之一。日本战败后，杨协成像被春雷唤醒的冬眠的狗熊，拖着瘦骨嶙峋的身躯走出树洞，在春天的第一口新鲜空气里迅速复苏，它的产品在第一时间占领了新加坡和马来西亚市场。

假如说这一步是占了市场先机，很多人会觉得“我上我也行”，那么杨协成接下来的动作就不仅仅是暴发户投机取巧的手段了。1947 年，杨协成买下了一块 10 英亩的场地，准备建造一个全机械自动化的现代化食品制造厂，耗时四年，于 1951 年全部建成，这是一个非常具有长期发展眼光的举措。

不仅如此，第三代中的厦门大学化学系毕业的杨至德加入进来，为酱油厂注入了新鲜血液。杨至德所学的专业是化学，我们印象中的化学老师都是在瓶瓶罐罐中穿梭自如、偶尔还从器皿中捞起一个什么物体的科学狂人，杨至德明显不是。他很有头脑，他将凭借经验口耳相传的制酱方法通过更加明晰而科学的方式，进行配比改良；他还搜集了各种罐头食品进行化验分析，掌握了各种罐头食品的配方，这为杨协成在罐头市场打下半壁江山立下了汗马功劳。1951 年开始，杨协成的罐头产品开始接踵上市，大受消费者欢迎，杨协成的业务范围大大拓展，此时杨协成经营的产品有酱油、酱菜、咖喱鸡罐头、瓶装豆奶、菊花茶等。

杨协成如同一个高速前进的战舰，在解开所有束缚的链条之后，体内的“洪荒之力”已然按捺不住，如同压抑很久的巨兽解开了封印，向苍天仰头怒吼，宣告归来。用这样的比喻来形容杨协成发展的速度丝毫不夸张，我们可以从杨协成的两次改名中略见端倪。

这两次改名分别是：1952 年，杨协成酱油厂改名为杨协成罐头酱油有限公司；1969 年，杨协成罐头酱油有限公司改名为杨协成有限公司。从“罐头酱油”到“有限公司”，其名称内涵大了不知多少倍，如果用列举法，公司名字就变成了“杨协成罐头酱油酱菜豆奶菊花茶有限公司”。改名这种情况很常见，当公司的名字不符合发展方向时，或者不能准确地概括公司的内涵时，就会改一下，就像一个胖子不断变得更胖，他的衬衣号码就不断增大。这样的事情在个人身上也经常发生，如一个人刚生下来叫“丫蛋”“二狗子”等名字，他做了大官或者有了身份地位后总会想办法改一下名字，很少有身份的人在别人喊自己“二狗子”的时候依旧能谈笑风生。

我们用一个简单的时间表回顾一下杨协成在这段时间的发展历程：

1952 年	杨协成酱油厂改名为杨协成罐头酱油有限公司
1953 年	建立饮品制造厂，杨协成集团率先发展瓶装豆奶和菊花茶业务
1959 年	在马六甲等多地建立分公司，如成立杨协成（大马）有限公司，杨协成（香港）有限公司
1961 年	杨协成在吉隆坡的工厂建成投产
1967 年	杨协成引进瑞典专利，成为世界上第一家使用利乐无菌砖包装生产非碳酸饮料的公司；后采用瑞典利乐包装公司的过蜡纸包装，使成本减少 2/3
1968 年	扩建饮品厂，设备比以前增加了三倍，同时生产种类也加入了甘蔗水、凉茶、龙眼水、橙汁等新品
1969 年	公司改名为杨协成有限公司，成为新加坡一家公共挂牌公司
1974 年	国际百事可乐纽约总公司宣布，把新加坡百事可乐公司以及美玲露的制造和营业专利授予杨协成有限公司。杨协成凭借其广泛的销售网，继而取得西方国家畅销的饮料品牌如“七喜”“玉泉”的专利权
20 世纪 70 年代	在欧美建立分销点
1983 年	杨协成集团成为亚洲（除日本）利乐包产品的第一制造商，生产销售 10 亿包产品
1988 年	杨协成突破经营食品的圈子，买下狮城曾与王股票经纪行的 1 / 4 股权，同时又参与设立新加坡高科技型养虾场；杨协成还进一步拓展北美市场，在加拿大温哥华投资兴建果汁厂、豆奶厂
1989 年	杨协成与新加坡官营淡马锡控股有限公司合资 5200 万美元，向美国 50 家大公司之一的纳比斯可集团收购“重庆食品公司”，生产亚洲肉类食品及酱油产品，美国《世界日报》载文指出：“这是中国人第一家在美国设立的肉类罐头厂。”获得了进入北美各国超级市场的“门票”，从而结束了自己只能在北美各国唐人街售卖的历史，挺入了全球市场

杨协成巅峰时期在世界各地共有 40 家不同行业的公司，杨协成商标产品行销亚洲、西欧、北美、澳洲及太平洋 35 个国家和地区，仅在新加坡就有 2000 多名员工，其中很大一部分拥有本科以上学历；产品远销英国、美国等。杨协成在摆脱了战争的镣铐之后，不仅横扫东南亚，还在短短几十年时间里风靡世界。

但是进入20世纪90年代后，杨氏家族成员内部开始不断就投资决策与管理理念出现分歧。尤其是杨至耀投资失利后，集团内部开始出现不一样的声音，尤其是家族成员开始对杨至耀这一房把持公司大权半个世纪之久表露出不满，而杨至耀因为内部掣肘也无心经营，想把公司卖出去，这更是引起了轩然大波。关于因股权分割埋下的隐患以及杨协成这个家族企业最终易主的过程我会在后文中详细叙述。

1994年永泰控股有限公司提出收购杨协成，导致了杨氏家族关系的彻底破裂。同年5月，杨至耀向法庭申请解散杨协成控股公司。一个历经94年的知名华人家族企业就此瓦解。

纵观杨协成的企业发展史，杨协成有以下几个代表性特征：

（1）华人企业。杨协成最大的特征就是东南亚的华人企业，这些企业有的是因为如杨协成一样躲避战火搬迁过去的，有的是由迁移到此的华人创办的。华人企业作为东南亚各国经济的重要组成部分，对东南亚经济的腾飞做出了巨大贡献。

（2）家族经营。在东南亚，早期创建的华人企业多为家族式经营，杨协成是其中的典型代表。这固然是由于人类与生俱来的血缘关系，但是更深层次的原因是受到以儒家伦理为核心的中华传统文化的影响。中国人讲“国之本在家”“家和万事兴”，企业是家族在危乱社会中保障家族延续的手段。

（3）所有权和经营权不分。大多数华人家族企业的所有权和经营权不分离，决策层仍然以同乡或者家族成员为主。“我的东西不归我管”这种西方的制度化管理并不为大多数中国家族企业接受，很多人抱着“我的家业，后代做好做孬都是我的”的想法。

这些特点是基于社会环境下的个体自觉选择，受到社会的、心理的一系列因素影响所致，杨协成包括很多东南亚乃至世界上的企业都选择了家族企业经营方式，也有很多选择了所有权和经营权不分，典型的如罗斯柴尔德家族连财务都不公开。那么杨氏家族为什么会失去对杨协成的控制权？

这就是我们讲的下一个问题：诸子均分。

二、诸子均分：达摩克利斯之剑

希腊传说中，有个国王叫狄奥尼修斯，他拥有最富庶的城市、最动人的美女、最耀眼的金子和最顺从的臣民。狄奥尼修斯有个大臣名叫达摩克里斯，他总是羡慕国王的权势，常阿谀奉承道："您拥有世上的一切，您一定是最幸福的人，多么令人羡慕啊！"狄奥尼修斯将达摩克里斯的贪欲看在眼里，于是给了达摩克里斯一个享受自己特权的机会。

酒宴之上，达摩克里斯鲜衣怒马、美人在侧、仆从如云，志满意得、觥筹交错间，抬头猛然发现一根马鬃拴着一把宝剑就在自己头顶三尺处悬着，顿时喝下的美酒化作阵阵冷汗冒了出来：权力与风险同在。

光鲜外表后总有不为人知的艰辛，平静水面下总有汹涌的暗流。这就是达摩克利斯之剑的故事。

1. 杨协成：无"协"不"成"

前文提到，杨协成有两次改名风波。1956年，杨天恩决定把杨协成酱油厂改为杨协成罐头酱油有限公司。在改为有限公司的同时，杨天恩把杨协成罐头酱油有限公司的股份一分为七，五兄弟和孙子杨至明、杨至杰每人一份，杨协成至此形成七分天下的格局。

因为当事人已经不在了，而留下的资料我们也无法判断这种选择的背后是不是众人合议的真实表达，这是一个对个人很好、但是对企业很不好的决策，我们可以通过当时的环境还原这种决策的合力因素：

（1）改为"有限公司"的经营形式时，杨协成是杨天恩在位。这就产生了问题，杨天恩虽然是兄弟几个中最早跟着父亲杨景连打拼的人，但是远远没有杨景连那样身为"父亲"的天然权威性和压制力。就算看到了"诸子均分"的弊端，也不一定能够阻止。

（2）杨协成这份基业是由杨景连打下来的，兄弟五个都曾参与，虽然功劳有大小，但是功劳这个东西并不能列出来比大小，再加上淬炼于战火中的兄弟情义和缺乏契约精神的心照不宣，一个锅里搅马勺，谁该喝稠的，谁又该稀的？所以干脆平分。

（3）杨天恩带领着众兄弟分股权的时候，可能会对未来充满了憧憬和希望，但是真不一定能想到未来杨协成会有这么大的成就，就像设计蓝图是在河里游弋的二层小船，结果最后变成了航行在波涛汹涌的大海上的艨艟巨舰，那这份蓝图自然而然也就不适合了。

在当时的种种条件下，“诸子均分”就成了最合乎情理的选择。很多人认为这是最省事也是最公平的做法，省事不假，但公平就未必了，这种形式上的公平对于企业而言恰恰是最大的不公平。假如人人都有这个想法，那中国延续两千多年的大一统岂不是个笑话？哪还用得着“天下大势，分分合合”，应该是“一分再分”。

凡是对中国历史稍有了解的都知道“秦皇汉武唐宗宋祖”的名号，我们之所以记得这几个名字，是因为他们在历史长河中做出了不可磨灭的成绩，而他们之所以有这份功绩，很大程度上也是因为他们领导着大一统的国家。十个手指不厉害，但是握起拳头就很有力量了！

另一个对“团结就是力量”活学活用的就是汉武帝刘彻，他为了加强对国家的控制，削弱藩国力量，实行“推恩令”：嫡长子只继承爵位，诸侯王必须把自己的封地均分给子弟。这一招名为朝廷恩典，实则是笑里藏刀，将大的诸侯国分化成小的诸侯国，以便朝廷控制。

汉武帝对敌人才做的事，杨天恩却自己捅了自己一刀。

但是因为杨协成接下来的高速发展，蛋糕越做越大，每个人的利益份额也在不断增长，加上兄弟之间走动频繁，情谊深厚，所以并没有什么事情发生。但是祸根已经埋下，就像定时炸弹一样，在家族成员关系出现间隙的刹那，就会“嘭”的炸开，而且是从底部、从内部炸开。

引燃炸弹的导火索就在杨协成的第三代领导者杨至耀身上。

2. 杨至耀：张居正还是袁世凯？

杨至耀出生于福建省漳州市，随父亲杨天恩到新加坡闯荡。我们上文中说过，从20世纪50年代开始，杨协成始终处于一种“火箭推进式”的发展中，作为企业老总的杨天恩自然也很缺人手，但是作为一个父亲，他认为孩子更缺教育，所以把15岁的杨至耀送到爱尔兰都柏林的哥伦马学院深造医学。然而杨至耀对拉丁文一窍不通，万般无奈转而学习化学。我们可以看到一个很有意思的现象，杨家似乎都不太刻意让孩子学习与商业有关的课程，这或许与第二代人复杂多样的教育背景有很大关系。

在以优异成绩走出哥伦马大学之后，杨至耀便被闻名世界饮料界的雀巢食品公司聘为化学分析师，并在三年的工作中屡受表扬。26岁那年，杨天恩的企业急需高级技术专家，杨至耀被召唤回来，父子俩并肩战斗。

杨至耀是极富争议的一个人，在他手里，杨协成结结实实地更换了主人，这一点是无可辩驳的；但是也有人说是因为杨氏族人在背后捅了他一刀，并非是“一将无能，累死三军”，而是那帮“竖子不足与谋”。这里就提出了一个问题，那么杨至耀究竟是一心为国却不得善终的张居正还是始终狼子野心、祸心暗藏的袁世凯呢？

（1）尽心竭力的张居正？

张居正其人和他的名字一样，一辈子“居正”。但是就像不是所有的坏蛋都会被雷劈一样，所有的好人也不一定都会无疾而终。总的来说，张居正是一个悲情的改革家，他敦促皇帝节省开支，建宫殿、游玩什么的统统不要；他铁腕整肃吏治，贪官见了他都两股战栗、期期艾艾；他推行“一条鞭法”，摊丁入亩，大大缓解了人民负担，同样这条“鞭子”也无情地抽向了自己的阶级——士大夫阶层。他背叛了自己的阶级却因为是出于对国家的热爱，这与亚里士多德的“我爱吾师，我更爱真理”有异曲同工之妙。

张居正做事有个明显的特点，“为公”。所有行动的出发点都是为了国家更好，用毛主席的话说，他是“一个高尚的人，一个纯粹的人，一个有道德的人，一个脱离了低级趣味的人。”

但是张居正却很惨，他差点被鞭尸，家人也被杀的杀，流放的流放，甚至在抄家时关闭府门，他的亲属被活活饿死了十几个。这就是在十岁时说过“会好好照顾老师家人”的万历皇帝干的事，如此“照顾”，世所罕见。张居正有学生心性凉薄至此，也是不幸。

前文讲过杨至耀的一些功绩，因为那时尚处于父亲的羽翼之下，他的光芒并不显眼，但是从一些细节可以看出，他是一个很有想法并且敢于实施的人。如：

1）他为了破除家族制弊端，提出“加强人事管理，进行机构改革”的整改措施，并独具慧眼地提出用科学合理的人事制度来处理公司的人际关系和各自的权力义务，才能有效避免因个人感情和血缘关系带来的“任人唯亲”和“任人唯友”种种弊端，从而消除机构臃肿、因循守旧造成的管理瓶颈。高薪聘请大量优秀专业人才，削减家族成员在公司任职的数量，剩下15人。

2）关于子女是否接班的问题。杨至耀有两子一女，但是完全没有让子女获得优先接班的权力，他高调宣称：“公司日后的继承和杨姓没有什么关系，关键是要有一个能使公司永立市场竞争潮头的‘商界枭雄’，我的儿女们只要成为对社会有用的人就行了，不一定非要做富翁不可。‘龙生龙，凤生凤，老鼠的儿子会打洞’的宿命论，我是十分讨厌的，因为它无端地扼杀了人的创造性和成才欲，是社会和人才全面发展的大敌。”

3）对人才的态度。杨至耀热衷慈善，每年捐款的90%都投向了教育领域，因为他深深地感到：“未来的市场竞争，其实说白了就是人才的竞争。‘东方睡狮’想要声震寰宇，必须拥有数不胜数的世界超一流人才。”

4）关于创新。“创新”是一个被喊烂了但是只有少数人能做到的口号。杨至耀提出饮料生产的三大法宝：品味超凡脱俗，口味适合大众，质量永久上乘。基于这几点，他比竞争对手早十年推出了纸盒包装；他十分热衷于视察生产第一线，尤其是各类实验室，并且因为专业出身还经常和科研人员探讨技术问题。

5）工作态度。杨至耀不喜欢冗长的会议，他曾要求每一个发言人的时间必须控制在10分钟之内；对于商人来说必不可少的应酬活动被他视为“甜甜蜜蜜”的自杀游戏。他说：“工作是我的生命之所托，事业是我的灵魂之所寄，没有了工作，失去了事业，我将生命将至，魂不附体，逃遁到另外一个世界惶惶度日。”

如果只看这些的话，觉得杨至耀简直就是一个完人，但是这样一个“三观很正”，又历练多年的商场老将为什么会做出引狼入室、利令智昏的事情呢？

（2）祸心暗藏的袁世凯？

在我们的印象里，袁世凯是窃取了辛亥革命的罪人，是妄图复辟封建王朝的逆流者。段祺瑞、吴佩孚、冯国璋这些一时枭雄都曾是他的部下，山西都督阎锡山、“东北王”张作霖等民国舞台上名噪一时的人物与袁世凯也不是一个量级的。

乱世枭雄恰如其分。

杨天恩去世后，本来应该杨天成做主席的，但是他推辞说英语不好，于是杨天恩的儿子杨至耀就当起了杨协成集团的舵手。此时叔叔辈的尚存，侄子辈的长大成人，杨至耀没有像父亲一样众望所归的魅力，杨家另外四房，对于杨天恩这一房独揽家族企业大权长达半个世纪非常不满。所以杨至耀急于求成，希望能早点做出成绩求得大家认可，“主席”这个位子是坐上了，但是随时会被人掀翻的提心吊胆的滋味也是不好受的。

杨至耀接班之后大举扩张，以求用业绩让其他成员闭嘴，但是这种急功近利的心态并没有得到很好的结果：高科技养虾，1170 万新加坡元打了水漂；在北美开办水果加工厂，业绩平平；收购美国重庆食品，家族成员认为出价太高，没有利润。

1992 年，杨氏家族内部矛盾已经十分尖锐了，已经从家族层面直接影响了企业运营，不满杨至耀的第三代成员杨至伟、杨至喜、杨至平以及杨至耀的三叔杨天成，先后辞去董事职务，这已经是最为严重的抗议了。但是辞去职务不代表不再干涉公司运营，杨氏家族其他几房提出来采用集体决策，如此一来，杨至耀的权力就被大大限制了。

杨协成接下来的两年发展都陷入停滞，内部不靖，外战无力。

1994 年，新加坡政府要把武吉知路一带发展为高级小区，原有工厂不准保留，杨协成必须在四年内迁出，此时杨至耀做了一件最为人诟病的事情——他找到多年挚友郑维强，商议把杨协成25.2%～40%股权转让给郑维强所在的地产公司永泰集团。

杨至耀此举不知是心灰意冷还是利令智昏。

郑维强没有收购成功就是因为当初二代分家时的“诸子均分”制度，第二代杨家五兄弟成立控股公司，股权被平均分配，并形成决议，股权只能在杨氏家族成员内部转售，经过数十年的变迁，每房拥有的股权数不等，但是都有决议权。杨协成家族内部闹得再凶也没有人想舍弃掉企业股份。虽然此时杨协成家族内部纷纷扰扰，但是颇有点“兄弟阋于墙外御其侮”的味道，杨至耀这算是引狼入室，犯了大忌。

他是推动“杨协成易主”这块石头的人，但是当石头被推动滚落山崖时，接下来的事情就不受他控制了，潘多拉魔盒已经打开。虽然郑维强的收购计划最终泡汤，但是却释放了一个信号，市场上从来不缺乏心思灵敏的人，他们就像闻到了鲜血的鲨鱼一样，蜂拥而至，其中最大的两条就是黄廷芳家族和郭令灿家族。

郑维强的永泰集团退出后，黄廷芳进场了，黄廷芳同样是做酱油起家，但是20世纪90年代转战房地产，坐拥百亿级物业，任香港和置业主席，实力相当雄厚，而且做酱油起家的他十分清楚“杨协成”这三个字在业内的分量。永泰集团退出后一个星期，黄廷芳就开始向杨协成撕咬，他通过旗下的上市公司乌节广场酒店，在市场收购散股，斥资 2600 万新加坡元（当时1.4新加坡元兑换1美元），购入杨协成6.6%股权。股价飙升，但是仍然不能阻挡黄廷芳的收购步伐，不久，黄廷芳已经拥有杨协成14%的股权，成为杨氏家族之外最大的私人股东。到 1995 年，黄廷芳通过种种手段已经获得24.9%的杨协成股权。

如果说黄廷芳家族是“明枪”，那么郭令灿家族就是“暗箭”了。1995年7月，大马富豪郭令灿家族通过柯麦林公司向杨协成提出全面收购，郭氏家族看上的是杨协成在香港的大片厂房地盘，在正式提出全面收购前已经握有杨协成 26.7%的股权。

此时，杨氏家族占有杨协成 38.9%的股权，其中杨至耀占 18.3%，对立派占 20.6%。相对于黄廷芳和郭令灿而言，还是有绝对优势的，杨协成前资深副总裁杨为理对香港《资本家》杂志说道："血浓于水，打死不离亲兄弟。"但是外部的威胁并没有促成内部的凝聚，杨协成依旧是一盘散沙，各房各自为战，这样的状态怎么面对虎狼环伺的市场？

如同香港城市理工学院讲师曾渊沧所预言的（此人曾为杨协成（香港）公司服务）："一旦杨协成控股公司解散，杨家祖先留下的事业，便会被外人分割。就像胡文虎家族失去虎豹国际控制权，余仁生家族将原有产业一再变卖，以及王安电脑的家族最后把公司拱手让人。"

果然，1994 年，杨协成董事局成立执行委员会，房产大亨黄廷芳进入委员会，杨协成控制权落入外人手中。

明末清初三大思想家之一王夫之先生曾经点评说："国恒以弱灭，而汉独以强亡。"杨协成并没有衰亡——相反，这个公司至今为止发展得蓬勃向上，极具活力。但是，正如前文所说，家族从企业中剥离，而且还是被动行为，那只能说是市场的胜利，但却是家族的悲哀。杨协成用几十年证明其"外斗猛如虎"，建立起一个巨无霸商业帝国，但是也因为"内战狠如狼"，转眼之间企业易手，辛辛苦苦几十年，却为他人做了嫁衣。

杨协成自创立之初就秉持着"协力求成"的信念，第二代五兄弟更是团结合作的典范，那为什么仅仅几十年过去，互相就一点情分不留，撕破脸皮，弄得灰头土脸？电影《满城尽带黄金甲》中，周润发饰演的皇帝有一句话很有意思，他对皇子说："我给你你才能要，不给你你不能抢。"股权划分的意义就在这里。

杨协成"诸子均分"的举措不能说是错误的，只能说是不完善的，他有很多措施可以弥补隐患，比如规定股权拥有者只有分红权、没有经营权等。顶层设计出了问题，具体的活动都会偏离轨道。

我们在网上能搜到的杨氏家族的新闻，现在只剩"四代两兄弟争遗产对簿公堂”“内孙怀疑祖母改遗嘱心智不全”这样鸡毛蒜皮的东西。“金扁担”拱手让人，七个和尚连“挑水”的资格都没有了，只能坐在山庙之中看着老方丈的画像默默发呆。一个家族的精气神散了，也就只能坐看“风流总被雨打风吹去”，我觉得他们应该会有这样的感叹和疑问：

何以至此，何以至此呀？！

第五章

新希望集团：明算账的亲兄弟

饲料很难卖，全世界饲料业的毛利润率不到 10%，中国饲料行业在 2001 年平均利润率一度跌到 0.1%。而且由于饲料体积大，销售半径超过 200 公里就会给运输成本造成极大压力。深圳万科公司前董事长王石甚至说："一个人能做好饲料业，做好其他行业不成问题。"

但中国偏偏有这么一家企业，凭借着生产销售饲料荣登过中国内地《福布斯》排行榜榜首，它就是新希望集团。就像被岁月催熟的大叔，相比于闹腾着上来，三天两晌就换上一茬的小鲜肉们，更有一点深沉的味道。

而这点深沉，不仅来自岁月，也来自自身的砥砺。最为业界称赞的，不是刘永好及希望集团取得的成绩——当然这也很可贵，更难能可贵的是刘家四兄弟两次"明晰产权"，也是因为这两次"明算账"，企业才一直保持着良好的盈利，而兄弟几个也能亲热如初。这在家族企业中，尤其是中国家族企业中是相当难得的。

我们看一下新希望的发展之路以及刘家四兄弟是如何"明算账"的。

一、34 年，打通一条产业链

2015 年 6 月 13 日，新希望集团董事长刘永好出席 2015 正和岛岛邻大会，并且以"我们所经历的 33 年"为题做了演讲。在演讲中，他把新希望由小到大的 33 年分为财政主导的经济、银行主导的经济、资本市场推动三个阶段。这种商业性质的演讲自然而然地会尽可能客观冷静，但是新希望这一路走来并不如此平坦，从中国商业"五千年未有之大变局"中崛起，成长迅速得近乎传奇。

1. 刘家兄弟的突围

苏东坡被贬黄州时，他的生活状态是"得罪以来，深自闭塞，扁舟草履，放浪山水间，与樵渔杂处，往往为醉人所推骂，辄自喜渐不为人识。平生亲友，无一字见及，有书与之亦不答，自幸庶几免矣。”这个耽于喜乐、溺于才华的文人在贫瘠之地洗掉了一身铅华，成就了千载文名，这是苏东坡精神上的突围。而刘家兄弟也在日复一日安稳平凡的生活中消耗着对生活的热情，当时代大潮来临，他们毅然决然与过去说再见，选择了突围。

（1）理想很丰满，现实很骨感

刘家四兄弟出生于新中国成立前后，对历史稍有了解的人都知道新中国在社会主义探索时期摸着石头过河，摔了多少跤，走了多少弯路，而这些代价就是迟滞的生产甚至殷红的鲜血。

老大刘永言在全国闹“浮夸风”时，因饥饿过度得了水肿病，最终借得一点米糠才把命续上；还是因为饥饿，老二刘永行被送给别人，意外摔伤了腿又被送了回来；老三刘永美过继到一户陈姓人家，改名陈育新；刘永好 20 岁之前没有穿过布鞋，当时最大的期望就是能吃上一顿红薯拌饭……

这只是当时广袤中国的一个缩影，贫穷已经致使妻离子散，死神始终在头顶盘旋，何谈幸福与尊严？这也是为什么改革开放后涌现出一批悍不畏死的人的原因，当看到一线光明，他们就以飞蛾扑火般的壮烈扑向光明。他们是逐利奔走的豺狗，他们是嗅血而来的鲨鱼，但他们也是开启这个最美好伟大时代的殉道者——他们的“道”就是为了更美好的未来。

十一届三中全会的重大意义我在此不再多说，空洞的话语叙述不了历史，也表达不了心情。1979 年 1 月 17 日，邓小平约见工商界代表，鼓励道：“钱要用起来，人要用起来。”并以发还企业主定息 24 亿元的举措坚定人心，由此拉开了工商业野蛮生长的序幕！

刘氏兄弟的第一次创业是卖音响，他们想了一个响亮的名字“新异电子厂”，他们满怀热情地制作了音响样品，并且和其他音响摆在一起播放同样的音乐，于是不出意外地把其他音响比了下去，正当他们满怀激情地准备大干一场时，却没料到，很快这个计划就胎死腹中。

刘家四兄弟找到了生产队，想让生产队出钱，他们出技术，一起挣钱。他们和生产队长一起去见公社书记，书记开始还兴趣盎然，但是一听到挣钱，双眉皱了起来，踱了两步，然后一拍桌子："绝对不行，你们这是走资本主义道路！"这一巴掌断了四兄弟的指望。但是尤具讽刺色彩的是，这个产品后来成了"省级科技成果"，或许那个年代，被一巴掌拍死的创业梦想也如过江之鲫，不计其数吧！

但是"多少思念多少期待，化成叹息化成感慨，岁月悠悠痴情不改。"刘永好他们积攒了几十年的心火是这一巴掌难以扇灭的。1982 年，彭丽媛一首《在希望的田野上》传遍了大江南北，我相信，没有比这首歌更能代表那个时代人们的心情了。也正是在这一年，刘家兄弟中的老三陈育新辞职创业。大学毕业后就职于新津县农业局的陈育新扔掉铁饭碗要回家养猪！这在 20 世纪 80 年代是何等震撼人心的一件事，假如说现在的"铁饭碗"是"铁"的，那么那时候的"铁饭碗"就是"钢"的，还是不锈钢的那种，但是就这样说扔就扔了！

不仅如此，就职于成都 906 厂计算机所、新津县教育局以及四川省机械工业管理干部学校的另外三兄弟，也相继摔了铁饭碗。四兄弟真的要大干一场了！在 1987 年 1 月，中央发文《把农村改革引向深入》之前，私营经济一直是合理却不合法的存在，刘家兄弟在被宣判"此路不通"的时候，把目光投向了养殖业，不让卖音响，我孵小鸡卖总行了吧！

（2）四年，从 1000 元到 1000 万

刘家兄弟孵小鸡的第一步，不是寻找鸡蛋或者建立厂房，而是先找到新津县县委书记，说："我们兄弟四个都是大学毕业，有知识也懂技术，为了响应国家科技兴农的号召，我们想把自己的技术带到农村去，和农民兄弟科学致富。"这种方式是非常艺术的。

刘家兄弟是怎么凑启动资金的呢？刘永言把一块电子表卖给了厂里新来的实习生，腿脚不便的刘永行卖掉了自己的永久牌自行车，老母亲把棺材本都拿了出来。凑出来的这 1000 元，虽然远远不够，但是代表了他们破釜沉舟的决心。

他们自己盖厂房，为避免浪费，水泥和沙子都是用秤称；他们为了收购鸡蛋，要带上筐到几十里甚至上百里的地方跑上一整天；他们的小鸡供不应求，于是自己设计了电力孵化器，虽然过程中电死了不少小鸡……“自己动手，丰衣足食”的理念被他们践行到了极致。

1984年，一个叫尹志国的农民要预定10万只小鸡，刘家四兄弟觉得机会终于来了！但是那个年代，最不缺的就是野心家，尹志国属于此类人物但是明显不是其中的“佼佼者”，为他的野心买单的是刘家四兄弟——尹志国只是个鸡贩子，还不起钱跑了。刘家兄弟为了购进鸡蛋，欠下不少的债务，孵化箱里还有8万只小鸡在不断孵化，每天要消耗上百元的粮食，在上天无路、入地无门的时候，四兄弟甚至想过跑路新疆或者跳岷江一了百了……这被刘永好称为“最艰难的时候”，他们没有选择坐以待毙，而是想着咬着牙再“撑一撑”，他们早上带着小鸡出发，骑上三个多小时的自行车，跑到城里去卖，最终好不容易卖完了，还赚了180元。此后刘永好再苦再难都会想想那个时候，这段日子反而成了刘永好最大的精神财富，从困苦中汲取的生活精粹能指引一生。

不久后，刘家兄弟发现了一个更好的商机：卖鹌鹑蛋。当时鸡蛋5分钱一个，鹌鹑蛋小得多但是却能卖到2毛钱一个，这源于人们对“浓缩就是精华”的信任。一对鹌鹑一年能孵出5窝小鹌鹑，能卖100多块钱，利润很大。

我在这里并不想误导读者，在20世纪八九十年代，商业的竞争会比现在小很多，但是也不至于简单到看到商机只要去做就一定会成功，毕竟人眼都不瞎，而且人们特别喜欢扎堆凑热闹。那为什么单单刘家兄弟成功了呢？

“科技是第一生产力”，当时的刘家兄弟和其他经营鹌鹑蛋者的最大区别就是他们不仅有着踏实的经营方略，而且还挥舞着知识的大棒：他们从饲料到育种都严格遵循科学步骤，并且像化学家一样进行严格而精密的实验，把数据精确到克，精确到小数点后两位。这四兄弟的高学历令他们的企业很快脱颖而出，他们研究出的“鹌鹑红羽、麻羽杂交鉴别雌雄离种体系”被列入了国家级“星火计划”项目。他们还设计了一套生态链，用鹌鹑的粪便喂猪，用猪的粪便喂鱼，用鱼沙喂鹌鹑。他们的思维是领先于时代的。

最难能可贵的是他们把技术毫无保留地传授给当地农民，一时之间，整个新津县将近 1/3 的人家都养起了鹌鹑。贫困已久的人们见到挣钱的希望就像溺水的人见到一块木头一样搂在怀中，但这对容量有限的市场来说也是一个巨大的压力，为了给“鹌鹑热”降温，苦劝无人听的刘家兄弟屠杀了自家 10 万只鹌鹑！这完全出于一种社会责任感，这一杀可以说是大智大勇！

1986 年，刘家兄弟手握 1000 万元，准备转战饲料市场。

2.“言行美好”对阵“正大中国”

中国的养猪方式是延续了几千年的老一套方法，猪这种杂食性动物实在不怎么挑食，所以剩饭残渣、猪草、红薯等都能成为猪的口粮，但是采用这种传统的养殖方法，猪的生长很慢，一年才出栏。所以，正大饲料这个洋品牌，伴随着“科学养猪”的旋风，很快就攻陷了中国市场。

刘家兄弟经过几年的折腾有了一定的积蓄，在养鹌鹑的时候，也在饲料生产方面积累了一些经验，金钱和技术都有了，进军猪饲料是转型，也是挑战。

希望公司的发展引起了正大集团的注意，这是一家泰国的公司，赞助了央视有名的《正大综艺》。它在成都投资 1 个亿建立饲料生产厂，成都是希望集团的大本营，敌人把工厂建在这里，就想把一根钢钉钉在希望集团的心窝上，分明没有把希望集团放在眼里。虽然刘永好他们还没有准备好，但是此时已不得不亮剑！什么是亮剑精神？电视剧《亮剑》说得好：

古代剑客们在与对手狭路相逢时，无论对手有多么的强大，就算对手是天下第一的剑客，明知不敌，也要亮出自己的宝剑。即使是倒在对手的剑下，也虽败犹荣，这就是亮剑精神。纵然是敌众我寡，纵然是身陷重围，但是我们敢于亮剑，我们敢于战斗到最后一人。一句话，狭路相逢勇者胜。亮剑精神，是我们国家军队的军魂。剑锋所指，所向披靡。

这次对决很有意思，从名字上就可以看出端倪。刘永好的父亲刘大镛是一名共产党员，曾做过新津县人民法院第一任院长、新津县农业局第一任局长，他与夫人郑康致在战火中相识，在革命洪流中结合，并诞下四子一女。从给子女的起名中，可以看出这对夫妇颇有些雅致——“永言、永行、永美、永好、永化”，四兄弟的名字合起来念就是“言行美好”。而他们的对手，正大集团也是由兄弟四人掌控，名字分别是谢正民、谢大民、谢中民、谢国民，合起来就是“正大中国”，这颇有一点宿命的感觉。

做企业无外乎“物美价廉好宣传”，希望集团认识到“物美”是根本，为了这个根本，刘永好他们下了血本。高薪聘请 30 余位动物营养学家；同美国的科研机构建立合作；派出科技人员到美国、德国进行考察。最终研制出来的“1 号乳猪饲料”，让猪仔长成膘猪只需要 3 个多月的时间。

在“价廉”一项上更是开动脑筋。比如蛋白质方面，他们就想了很多办法，鱼粉的蛋白质含量和纯度都比较好，但是国内产品的质量不够好，国外的需要外汇，而且价钱偏高，他们就用蚕蛹代替，后来更进一步用奶液下脚料代替，在不降低标准的情况下，每吨猪饲料价格下降了 60 元。

在“好宣传”方面，希望集团凭着直觉创造了今天人人无可奈何却有极大杀伤力的广告形式——“牛皮癣”式小广告。把小广告做成门神的样式，贴在农家村院的墙头门口，真正让养猪的人对希望公司“抬头不见低头见”。小广告铺天盖地地撒了下去，配合着简单粗暴的宣传语：吃一斤，长一斤，希望牌乳猪饲料就是精！在短短三个月里，希望集团的销量就赶上了正大集团。大门口车水马龙，买饲料的络绎不绝，有的批发商提货要等上 28 天。

接下来的发展就非常无趣了，正大采取了降价战略，它降 20 元希望集团跟着降 20 元，它降 100 元希望集团跟着降 100 元，成本比较高的正大扛不住了，主动与希望集团握手言和，退出成都市场。

“正大中国”败在了“言行美好”的剑下。

3．与天鹅共舞的贪吃蛇

在打败泰国正大集团之后，希望集团扩大战果，在1990年3月，月产饲料达4500吨，成为西南地区最大的饲料厂，自此，“希望牌”饲料称霸西南三省。站稳了脚跟之后，下一步就是向全国扩张，安于一隅做土霸王的企业少之又少，自然也不包括希望集团。

很多企业在扩张过程中总结出了自己的一套方法，这就是由一般现实上升到理论高度。但是希望集团却与此相反，由理论指导实践，他们的理论工具就是“希望模式”，也就是“杂交模式”：国企与私企的杂交。

在1992年，邓小平发表了著名的“南方谈话”：不要纠结于是姓“资”还是姓“社”的问题，改革开放的判断标准主要看是否有利发展社会主义社会的生产力，是否有利于增强社会主义国家的综合国力，是否有利于提高人民的生活水平。这些论调是如此令人振聋发聩，中国开始了新一阶段更深层次的改革开放！

随着改革的深入，“铁饭碗”的情况也被改变，国有企业也开始引入外部资金，有一些小的国有企业直接被兼并或拍卖了，这些曾经高高在上的企业如今不得不接受市场经济法则下残酷的现实，“白天鹅”低下了高傲的脖颈。

希望集团也适时推出了“希望模式”，提出了“国有私营，优势互补，共求发展”的思路，也就是将国有企业雄厚的固定资产、购销渠道、人缘关系及技术管理人才和私有企业的经验、机制、商标和资金结合起来。用刘永好的话说：“姓公的三大优势同姓私的四大优势“杂交”在一体，就不是叠加效应，而是惊人的指数效应了。”

凭借着新模式，希望集团像一条贪吃蛇一样迅速膨胀了起来。

1992年5月，刘永好和刘永行如旋风一般在湘赣鄂三省刮过，十天之内，签下汨罗、邵东县、南昌、武汉四个合资工厂。这一年，他们建立了十几个合资工厂。1993年7月，希望集团在上海嘉定建立了中国第二座希望城，刘永好担任上海希望私营经济城名誉董事长。希望集团在沪、赣、湘、鄂、渝几省市完成了战略布局，形成了一个首尾相衔的体系。到1994年，希望集团收购了30余家国有企业，除了在买断工龄和工人的福利待遇上遇到一些麻烦外，整体没有太大的波澜，这30余家国企很快成了希望集团战斗体系的一部分，希望集团的体量和实力在这两年实现了野蛮生长。

1993年底，“希望”牌饲料销售达100万吨，净资产也达到了一个亿。

4. 一招鲜并不能“吃遍天”

贪吃蛇模式并不是万能的，在企业初期发展时可以采用这种模式，而且还是在保证拥有核心资产、能将这些吞下的企业迅速转化的前提下。希望集团后来的业务扩张也采用这种模式就显得有些力不从心，吞下来之后不消化也是一个巨大的难题。

刘永好崇拜李嘉诚，他称其为“偶像”，李嘉诚涉足房地产、港口、货运、水泥、电力、网络等行业。关于多元化经营，刘永好曾经做过这样的设想：新希望的总部是这架飞机的头，确定方向和实施决策；饲料业是这架飞机的身子，位于主要产业的位置；金融业是飞机的左翼，房地产是飞机的右翼；而正在初步踏入的高科技领域是飞机的尾翼。旅游业可以看作“永好号”巨型飞机的豪华装饰。

希望集团的多元化发展历程如下表：

1996年	希望集团投资金融行业，发起组建全国性商业银行中国民生银行，并成为第一大股东
1997年	组建新希望集团
1997年	希望集团正式进军化工行业
1998年	新希望涉足房地产行业，成立新希望房地产开发有限公司
1998年	四川新希望农业股份有限公司（现更名为“新希望六和股份有限公司”）在深圳证券交易所成功上市
1999年	走出国门，在越南建设第一家海外工厂
2001年	进入乳制品行业

在这些投资项目中，普遍认为新希望集团最不成功的就是进军乳制品行业，失败的标志就是由于十年来效益不佳，2010年新希望乳业从新希望总公司中剥离。

新希望从2001年起进军乳制品行业，采用的依旧是自己收购国有饲料企业的那一套老办法，所以在很短的时间内就控股了十多家乳制品企业，旗下包括四川华西、阳坪乳业、昆明雪兰乳业、云南蝶泉乳业、青岛琴牌乳业、杭州双峰乳业、安徽白帝乳业、河北天香乳业等品牌。当时新希望上下一片乐观，觉得比肩蒙牛、伊利也就是三五年的事情，但是乳制品和饲料是完全不同的两个行业，新希望迟迟打不开局面。

究其原因，有几个方面：

（1）整合不给力。新希望虽然控股了如此多的乳业公司，但是各个乳业公司基本还是一个个独立的作战单位，并未形成团结协作。颇有点像美国的联邦制，虽然总统能号令各邦，但是各邦的权力也很大。

（2）管控不到位。乳制品的原奶靠农户供给，农户以散养为主，奶牛的"吃穿用度"很不一样，产出的奶质量也就各有高下。农户养奶牛是为了挣钱，而当年沸腾一时的三聚氰胺事件也是基于这种心理，所以对农户的要求很高。对企业来说，奶制品行业也有淡季、旺季之分，在奶荒的时候，各大乳制品企业甚至要到农户家去"抢奶"，收购的质量标准有时会降低，收来的原奶微生物量超标，酸度过高。

（3）战略失误。新希望有一个很好的占据乳制品市场的机会，那就是2008年爆发的三聚氰胺事件。距离事发地只有20公里的新希望集团子公司都没有牵扯其中，公司想趁着这个罕见的机遇迅速占据奶粉市场，但是投入不够，加上开拓饮料业务占了一部分精力，错失了大好良机。

5. 重心的回归

刘永好把新希望的成功归因为"专注"，这和新希望集团的多元化发展轨迹并不冲突。

2005年7月，在新希望总经理大会上，刘永好首次提出了成为世界级农牧企业的发展愿景，并明确期许新希望未来十年销售额达到500亿元。新希望不再把自己看成简单的饲料供应商，而是向着养殖产业链的运营商的角色转变。

我们来看一下新希望近些年来的动作：

2005 年	新希望集团并购山东六和集团，致力于打造世界级农牧企业
2006 年	新希望集团收购 2008 年奥运会猪肉食品独家供应商千喜鹤集团
2011 年	完成重大资产重组，“新希望六和股份有限公司”成为中国最大的农牧上市公司
2014 年	发起成立亚洲餐饮联盟
2014 年	新希望集团牵头发起成立“中澳农业及食品安全百年合作计划”，促进中澳两国在农业基础设施、农产品贸易、食品安全、现代农业生产链建设等方面的互利互补
2015 年	新希望地产进军澳洲，继农牧和乳业两大板块之后，再次拓展在澳洲的投资领域
2016 年	新希望六和收购本香农业 70%股权，布局西北生猪养殖市场；拟投资 88 亿元，以“公司+家庭农场”等方式发展 1000 万头生猪养殖，实现业务重心调整
2016 年	新希望六和投资近 3 亿元对北京嘉和一品企业管理有限公司的中央厨房进行全资收购，作为在食品端的又一重大布局，加强在食品加工环节的竞争力
2016 年	新希望集团与浙江省政府、嘉实基金签订战略合作框架协议，共同设立舟山农产品食品进出口加工贸易区，其中海外农业发展基金已经设立（一期规模 30 亿元，总投资不低于 100 亿元），中澳现代产业园（舟山）在中澳两国总理的见签下已经开始落地

新希望这些年致力于打通养殖业的上下游，从最底层的饲料加工到中间的猪肉养殖再到最终的中央厨房，形成了一条完整的产业链。

在刘永好 18 岁时，他赶上了大规模城市青年插队农村接受“贫下中农再教育”的第一年。在一个偏僻的“鸟不拉屎”的地方，怀揣着“建设共产主义社会”理想的青年们， 撅着屁股面朝黄土背朝天在豆大的汗珠中消耗着青春，他们的工分是每天一角四分钱，约是当地农民的一半——仅以工作成果来看，这还是生产队长照顾他们了。

所谓浪费，就是资源没有放置在适当的位置上。

刘家兄弟顺应时代大潮，不甘于“被浪费”的人生，毅然决然辞掉“铁饭碗”，下海创业，又能在创业过程中，不论是孵小鸡、养鹌鹑还是研制猪饲料时都坚持用科学引导工业，用知识的力量改造企业，这在当时的“下海潮”中是十分少见的，所以新希望也在熙熙攘攘的创业大军中存活了下来并茁壮生长。刘家兄弟用 34 年打通了一条产业链，他们的经历真正说明了：科技引领未来，知识改变人生。

二、明晰产权：火箭的二级脱落

1997 年 11 月 4 日，希望集团刊登在《经济日报》和《中国证券报》

上不足300字的公告引起了一片哗然：根据希望集团董事会决议，希望集团下面只设大陆、东方、华西、南方四个二级实业公司，分别由刘永言、刘永行、陈育新、刘永好负责。并同时决定，自1997年6月3日起，由刘永行董事长出任集团的法人代表，代表希望集团对内对外的活动；由陈育新总经理主持集团的日常工作；刘永好不再担任集团的法人代表。并指出新希望集团只是希望集团下属南方公司的一个分支结构。

四兄弟分家的事情一时间天下皆知。

大家都在电视上见到过火箭升空的场面，自从1949年美国制造出多级火箭之后，这种形式基本上就成了火箭制造的范式。多级火箭的每一级都有发动机和燃料，火箭的连续飞行能力和最终速度由此决定；从尾部的最初一级开始，每级火箭燃料用完后自动脱落，下一级火箭开始工作。

多级火箭能抛掉不必要的重量，也能根据不同的条件选择发动机的推力大小。刘家兄弟两次明晰产权就像火箭升空的两次脱落，每一次都使希望集团飞得更快、更高。

1. 第一次明晰产权：兄弟均分

听谁的？这在创业中包括企业生产中是一个很重大的命题，一个狼群需要一头头狼，一个羊群也需要一头头羊，更何况处于大组织、大生产中的人类呢？刘家兄弟先后辞职创业时就决定了“吃大锅饭”的开始，开始创业的1000元钱已经很难分辨谁出了多少，大家干得热火朝天，不计较，其乐融融。

此时的决策权还是比较明晰的，这有点类似现代管理学中“无形领导”的概念。刘家兄弟的母亲郑康致健在时是这个家庭的主心骨，前文说过，郑康致年轻时也是投身于革命的积极分子，自身性格如中国传统母亲那样勤劳朴实，坚强智慧。因为一些莫须有的历史污点，在“文革”那段日子里，她咬着牙硬是抗过了红卫兵的批斗，其坚强个性由此可见一斑。在母亲郑康致去世后，大哥刘永言就是那个能“一锤定音”的人了，这不光是因为刘永言年龄大，而是因为他最有想法，提出养鹌鹑；他最有坚持，在面临尹志国的欺诈时，也是他鼓励大家再“熬一熬”。

但是值得记上一笔的是，刘家兄弟在生产伊始就建立了一个具有十足“大男子主义”的家庭会议制度，虽然只是初具雏形。会上通过的最重要的命题就是“各自媳妇回家看孩子，今后不得参政议政。”这一条规定保证了“后宫不得参政”。刘永好的妻子李巍日后出走新希望，另起炉灶，把企业做得风生水起，除了有向丈夫证明自己的想法之外，这条规定也是一个重要的原因。

1992 年，刘家兄弟进行了第一次“股权明晰”，他们明晰产权的方式非常简单，兄弟四人每个人占整个产业股份的 25%。

兄弟几个的爱好和兴趣各有发挥，不必都绑死在猪饲料的战船上，老大刘永言学电子，他成立了一家公司专门搞技术等高科技领域，获得发明专利 20 多项；老三陈育新进军房地产业和酒店业。老二刘永行和老四刘永好留了下来，继续做希望公司，刘永行擅长内部组织管理，刘永好擅长对外公关，一个主内一个主外，宛如太阳和月亮，完美互补，照亮希望前进的道路。但是只过了三年，希望集团就迎来了第二次分家。

2. 第二次明晰产权：虎踞一方

这次分家是刘永行提出来的。

第一次分家是极为平淡的，兄弟几个只是觉得企业越做越大，虽然对于“平均分配”每个人都觉得理应如此，但还是说一下更为明晰。这次会议远远不够正式，也不引人瞩目。原本两年后的第二次分家也可以像这次一样悄无声息，但是上面说的那条公告一下把兄弟几个明晰产权的行为放到了公众面前，大众对此普遍的解读是：兄弟不和。

我们可以从几兄弟的发言中发现一点端倪。

一向作为刘家对外发言人的刘永好如此说：“我觉得分家这话太传统了点。确切地说，应该是规范产权制度。因为我们是家族企业，产权这么大的问题一定要分清，否则以后会很麻烦，我们这代人还好，是四个人一起创业，大家又都是亲兄弟，很多事情都能说得明白。但是下一代、再一代呢，恐怕问题就多了。现在我们可以设主席、董事长、总裁、总经理四个职位，四兄弟各司其职。但假设再来一个人，我们就不知道安排什么职位了。这说明一个企业中多个中心是不妥的，我们必须建立董事会领导下的授权、分权制度，走现代企业制度体系，所以我们进行了调整，一晚上就定下来了。并不像社会上说的那样简单地分家。”

相比有着多年“外交经验”的刘永好，刘永行说的话更切合实际：“我和四弟一直重复做的工作很多，发展思路、点子也不尽相同，与其浪费头脑思维，不如每人一块，分头布点，抢夺发展佳机。”

陈育新说得更明确：“我们兄弟间有个最大的特点，就是我们中间很少有人相互附和，除非大家意见一致。既然没有人能够充当国王，也没有人甘愿充当臣民，各自为王是必然的结果。这里没有无奈和被迫的成分，假如不同齿距的齿轮拼装成一台机器，那么内部的磨损将不仅影响效率，而且还会使机器寿命缩短。”

1995 年 3 月，只有刘氏五兄妹参与的绝密会议上，决定从 1995 年 4 月 13 日起，总部所有下属公司的资金和财产全部冻结，不允许在各个公司之间进行流动，也禁止总部调拨。按照“资产平均分配”的原则，全国的 27 家公司被一分为二，刘永好坐镇西南部分，刘永行执掌东北部分。

5 月 15 日，刘永好和刘永行在董事会文件上正式签字，文件规定：两个片区禁止跨区域开拓，干部的互相流动必须得到双方的认可，董事会成员今后的开支不得在集团报销。

老大刘永言创立大陆希望公司，老二刘永行创立东方希望公司，老三陈育新创立华西希望公司，老四刘永好创立南方希望公司，他们的妹妹获得了一定的股份。

但是位于新津县的总部仍保留了下来，被兄妹几人平分，这算是他们共同的“母体”，刘永言任董事会主席、刘永行任董事长、陈育新任总经理、刘永好任总裁。这说明哥几个并不像是外界所传恩断义绝的样子。

或许正如大部分企业一样，树大分叉，难以避免。

3．后分家时代

1995年，刘家兄弟分家之后，刘永行的饲料产业被限定在长江以北地区，与成都本部隔着万水千山，于是刘永行在1999年4月将旗下的东方希望集团迁往上海，他主要看上了上海资讯发达、外资众多的一面。在群雄林立的竞争环境中，刘永行有着"华山论剑"的一世豪情。

另外，刘永行还在金融行业颇有涉足。投资参股了光大银行、上海银行、民生银行、光明乳业、北京南山滑雪场等，投资规模超过2亿元。这些投资的共同特点是：都是高保值的行业或者公司，并且有很好的退出机制。

但是刘永好却与他不同，刘永好投资极为大胆，并且还建立了一套"爆米花理论"：爆米花爆炸时体积会骤然增大，一般3～5倍，大的有110倍。我们通过研究发现，一些垄断行业逐渐放开时，会产生类似爆米花爆炸时的效应。放开会带来巨大的膨胀，而这里面有超额的利润。这样的机会曾在20世纪六七十年代的香港、台湾出现过，现在大陆正在演绎同样的故事。这样的机会不多，一定要好好把握。

刘永好把金融行业视为应该"好好把握"的机遇，并且下手极有魄力，从银行、信托、保险到证券，几乎所有的金融领域他都要插上一脚。而最具代表性的是，他不顾另外三个兄弟的劝告，在1998年3月，刘永好的"新希望"股票在深交所上市，总股本14002万股，流通股3600万股，融资4个亿。并耗资1.86亿元，分三次从民生银行原股东手中收购了1.38亿股，在2001年民生银行上市的时候成了它的第一大股东，而今，每年的分成都高达好几千万。

同时期的德隆，在吴晓波先生的《大败局》一书中，以"德隆：金融恐龙的宿命"为题，写到唐万新代表了在当时灰色而畸形的资本市场上纵横游猎的"黑心庄家"，但是刘永好显然没有沉迷此道，当然也避免了唐万新出逃缅甸却最终被带回的命运。

刘永好的房地产操作同样令人关注。1992年，在34万平方公里的海南岛上有650万人口，但是却在一夜之间出现了2万多家房地产公司，平均每 80 个人就有一家房地产公司。刘永好却在这种狂热的气氛中保持着难得的冷静，注销了刚刚开办的公司，变卖掉了自己的别墅。1993 年的宏观调控到来，这些热闹景象如建立在沙滩之上的大厦，一个海浪冲来，瞬间崩塌。在 1999 年，刘永好正式进入房地产行业，一出手就是 12 个亿的"锦官新城"，魄力之大，眼光之准，也是罕见。

纵观希望集团的成长史，也就是刘家兄弟的奋斗史，他们崛起于微末，以一种很罕见的方式——做猪饲料，成就了一番事业。刘家兄弟在创业初期面临过两次重大的危机，而这两次危机一次是人为的，一次是不可抗拒的因素。第一次是上文提到的，尹志国假买事件。第二次是在 1990 年，有传言说国家要清算私有企业，他们连原料都购买不到，他们兄弟四人找到当时的县委书记要把一手创立的企业上交给国家，只请求能看在工厂是他们创立的份上，能继续在厂里工作，幸好后来证明所谓"清算私有企业家"只是传闻。

做企业是十分困难的，与天斗、与地斗、与人斗，刘家兄弟最难的时候也想过跳岷江，但是正如他们所坚持的，或许熬一熬，转机就来了。

第六章

台塑集团：王者心法与无形传承

一个人“封神”需要多久？

松下幸之助因创立了“事业部”“终身雇佣制”“年功序列”等制度而成为日本“经营之神”。巧合的是，中国台湾也有一位“经营之神”，这个称号是一位日本大学教授提出来的，并迅速得到了社会各界的认可，他就是“塑料大王”王永庆，他用91年的人生展示了什么是神一样的经营。

王永庆麾下的台塑集团一度占到“亚洲四小龙”之一的台湾 GDP 的14%。

一、王者心法修炼手册

在提倡“少点套路，多点真诚”的当下，实事求是地说，王永庆是一个有“套路”的人，这两个“套路”都沿用了词典中的第二个解释：现泛指成套的技巧、程式、方法等。但是感情色彩却是不同的。市场上活得很好的企业必须有一个有“套路”的企业家，而能把“套路”修炼成体系的企业家就能做一方霸主了。

王永庆几十年的商海浮沉，淬炼出了自己的“王者心法”。

1.“憨憨地做”

有人看到这里会跳脚大骂，这算什么心法？买卖这一行，精明人太多了，能“憨憨地做”的人太少了，很多人只看到眼前的黄金看不到背后的情分，恨不得一刀子把顾客捅死，所以“宰客”这个词十分形象。王永庆在15岁那年就建立了“顾客档案制度”，不满足于挣顾客一道钱，而且还要挣二道、三道钱。王永庆纯粹出于商业的自觉，对于“持续而广泛的盈利”这件事，无师自通，这也可以看出他的商业天分。当然，王永庆当时不把自己的所作所为叫做“顾客档案制度”，虽然已经在这么做了。

1917 年 1 月 18 日，王永庆出生于台北县新店镇一户普通农户家里，王永庆祖籍福建，后来从盛产大红袍的福建移居到了喜好乌龙的台湾，王永庆的父亲早年以种茶贩茶为生，日子说不上大富大贵，但衣食无忧还是没有问题的。只可惜王父中年一场大病，王家的顶梁柱倒了，也消耗了家庭的多年积蓄，王家家道中落，王永庆的三个妹妹甚至送给了邻居代养。

“穷人的孩子早当家。”王永庆柔弱的肩膀早早挑起了生活的重担。7 岁起，便每天喂猪、挑水，做些力所能及的杂事。对于当时的王永庆来说，鞋子都是一件奢侈品，他只能每天光着脚往返 20 公里去上学，在余华的著作《活着》里，富贵的儿子有庆有了鞋子不舍得穿，套在手上，光着脚与风赛跑的场景，王永庆有着如出一辙的心酸。

但是，自古困顿出英才。

15 岁那年，王永庆便离开了家乡到嘉义闯天下，他做了米店的伙计。在生意精王永庆的眼里，卖米这个行当简直太简单了，所以他在做了一年半后，决定自立门户。16 岁的少年，站在父亲的面前，用自己的雄心壮志打动了已无力再战的父亲，父亲望着意气风发的儿子和那张似曾相识的年轻脸庞，从朋友和亲戚那里筹措了 200 元，这就是王永庆创立米店所有的本钱。但谁能想到，王永庆 28 岁时，就把米店变成了碾米厂，还做到了嘉义第三。

王永庆的成功绝非偶然，而且当时的环境也不好，甚至非常差。第一，在他进入米行之前，嘉义的米店已经相当完善，王永庆以外来者的身份插进去，有点困难。第二，当时的米店普遍都不大，各有自己的辐射范围，而当地居民也因为习惯，倾向于自己打过交道的米店。第三，没过几年日本就发动了侵华战争，侵占了台湾。

“前三脚难踢。”刚开始王永庆的生意门可罗雀，刚才说过的困难都是客观存在的，那么怎么可以打开缺口呢？

我们来看一个小故事：有甲、乙两个登山者都穿着厚厚的登山靴准备去爬山，但是远远看到一个大老虎正向他们跑来，甲二话不说，从装备包里拿出较为轻便的旅游鞋，准备换上，乙嘲讽道：“这会儿换鞋有什么用？

难道你还能跑赢老虎？”甲答道：“我不能跑赢老虎，跑赢你就行了。”

王永庆要做的，也是市场上绝大多数企业要做的，不是跑赢“尽善尽美”这只大老虎，而是跑赢自己的竞争对手。为了跑赢自己的竞争对手，王永庆做了下面几件事：

第一件事就是比别人的产品好一点。在当时，由于收割方式比较落后，大米里经常会有一些米糠和小石子，人们也已经习以为常，但是王永庆冲击的就是人们的习以为常，他把米糠吹出来，把小石子拣出来，米一下子变得白白净净，没有杂质。就像现在人们习惯了老式诺基亚发发短信、打打电话，突然来一个彩屏的智能手机，既能触屏又能视频。王永庆的米店一下子就打响了。

第二件事就是比别人的服务好一点。这方面就多了很多细节，现代社会尤其强调细节，像飞机乘务员微笑要露出八颗牙，鞠躬 15 度表示尊敬，60 度表示感谢。王永庆提供“人力包邮、送货到家”服务，送货上门，帮你倒到米缸里，而且还帮助客户把缸底的米先舀出来，再把新米倒进去。

第三件事就是比别人用心一点。王永庆的米店提供“白条”服务，因为当时人们普遍比较贫困，所以经常有人要赊欠。很多米店也有这项服务，但是要账是一件很难的事情，“借钱的是大爷，要钱的是孙子”这句话反映了要钱的艰难，有很多米店因为要账和顾客闹崩了，失去了客户。有许多客户并不是不想给，确实是生活窘迫。王永庆也要账，但是他在别人打白条时，会记下对方家庭谁是做工的，每个月什么时候发工资，他就在发工资之后的两天去要账，这样对方手里有钱，王永庆成功的概率会大一点。

王永庆的所作所为要消耗大量的人力甚至财力，比如剔除米糠和石子、送货上门都需要付出更多的劳动，这些消耗的人力并不能得到额外的补偿，但是王永庆秉持着“憨憨地做”这个最简单朴素的想法，不仅站稳了脚跟，也顺理成章的挣得了第一桶金。

他的努力就是“憨憨地做”。

2. 做一只饥饿的“瘦鹅”

王永庆心法当中最有特色也最有名气的就是“瘦鹅理论”了，因为它最具有形象色彩、最为生动，当然还因为在 1989 年，在邓小平和王永庆的会面中，他向邓公当面阐述了“瘦鹅理论”的内涵，邓公大为赞同。

养过家禽的人都知道，鸡鸭鹅只靠自己觅食是吃不肥的，还要配给饲料，起码也要有一些残渣剩饭。但是在第二次世界大战期间，日本占领了台湾，按人口实行配给制，人民的生活极其艰苦，家家户户的粮食都不够吃，遑论鸡鸭鹅的饲料了。不但人瘦骨嶙峋，鸡鸭鹅也是骨瘦如柴。

王永庆以极低的价格把鹅买下来，然后用极低的价格买菜农留在菜地里任其腐烂的菜根和粗叶，掺上从碾米工厂里买到的稻壳、碎米粉碎之后做成饲料，饿了不知多久的鹅看见食物哪里停得下来，一阵猛吃，食物到了喉咙眼才算罢休，消化差不多后又是一顿猛吃，这样周而复始，三个月之后能长到七八斤重，但是正常情况下，鹅最多长到六斤。

王永庆如此总结：“这些瘦鹅经过长时间的饥饿，如果生命力不够强，可能已经残废。但是如果经过长时间挨饿仍不致残废，可见生命力相当强韧，加以饲养以后不但很快就能恢复正常的生长，甚至成长情形比一般家禽还要好。”

这个理论，王永庆不但用于企业，对外部环境的判断也是如此。在日本战败退出台湾后，满目疮痍的台湾面临着重建，王永庆基于“瘦鹅理论”，预感到这是一个大好时机，于是义无反顾地建立了台塑集团。

在新中国改革开放之后，王永庆同样预感到这是一个千载难逢的机会，新中国会像久经饥饿的瘦鹅拼命塞满肚子一样，拼命地去追求财富，更何况这个压抑太久的国土上拥有世界上最勤劳的人民。但是遗憾的是，王永庆计划投资大陆的“海沧计划”功败垂成，被台湾当局以行政手段干预，这段我们下面再讲。

王永庆对于战后台湾经济的起飞如此评价，这也可以看作是对“瘦鹅理论”的进一步说明：“人在困苦之中，往往会养成一种坚毅力，只要有适当的机会，有一定的条件配合，其成长就会很快，甚至会超越一般人。人的精神力量，就是这样。”

二战后的台湾如是，改革开放后的大陆亦如是。但王永庆自己又何尝不是一只“瘦鹅”呢？

3．眼光独到，置之死地而后生

王永庆生而封神，最能体现一个经营者眼光准确的场景就是别人都说“NO”，而你说了“YES”，并最终证明是“YES”。王永庆最艰难的时候是在建立台塑集团之后，产品卖不出去。在滞销的情况下，他要加大生产量，把成本摊薄，这无异于一场赌博，所以他的合作伙伴纷纷退出，他倾尽家产、变卖财货获得了台塑的完全股权。

王永庆在经营碾米厂和米店的时候，也涉足了木材行业，在这种社会需求庞大的资源身上，王永庆完成了资本积累，这是他得以参与台湾战后重建，并搭乘起跑的台湾列车建立自己事业的一张入场券。有人推测，王永庆做木材生意，在建立台塑公司前，已经积累了5000万新台币的财富。

1950年朝鲜战争爆发，众所周知的是，美国为了遏制中国，扶植日本和东南亚国家进行牵制，台湾也从中受惠。台湾当局接受美国每年一亿美元的援助，为期15年，这是让台湾经济心脏复苏的一股热血。在众多的援建项目中，其中有一项就是“援台筹设PVC厂”。

虽然在台湾开设PVC厂的议题几经波折，但最终还是决定交给民营企业来做。当时手里握有大把闲钱又无事可做的王永庆把目光放到了PVC厂上，他把当时的自己比喻成一只“瘦鹅”，见到什么东西都想吞下，事实也的确如此——做过米商和木材商人的王永庆在对PVC一知半解的情况下，就决然出手，拿下了这个项目。虽然有理性判断的成分，但更多的还是如他所说，饥饿。

但是事情并不如此淡然，当时台湾工业中颇有地位的大佬在国外考察后，得出“就算台湾建立塑胶工厂，也竞争不过日本产品”的结论。当时有一个化学家得知王永庆这个只抱过两年书本的人要涉足塑胶工业，颇为轻蔑地预言：王永庆肯定会倾家荡产！

外界的反对声并不能动摇王永庆这只“瘦鹅”。

台湾重振经济的过程，是在工农商业都极其薄弱的情况下开始的，基础材料必然是急需的东西。这里简单介绍一下 PVC，所谓 PVC 就是乙烯，是一种化工合成材料，通俗来讲，就是通用塑料。现代生活中，建筑材料、日用品、地板革、电线电缆、纤维等都需要 PVC，由此可以看出 PVC 的市场是多么广阔。

1954 年，福懋塑胶工业股份有限公司成立。

王永庆几经波折终于学到了制作 PVC 的技术，也从日本进口了机器，生产进入正轨。在外汇配额管制下每年还能“吃掉”200 多吨塑胶的台湾，预计本土生产后会消耗 1000 余吨的 PVC 粉。1957 年，福懋公司正式投产之后，尴尬的是，预期前景极其广阔的 PVC 粉却滞销了。

王永庆经过调查，发现是自己的产品价格过高，甚至还比不上远渡重洋运输过来的日本的产品。造成产品价格过高的原因是产量低，简单地说，一台机器的利用率越高，它在单位时间内就能生产更多的产品。此前台塑集团日生产量是 4 吨，王永庆决定将日生产量增加到 20 吨。

思路是正确的，但是面对着产品积压如山的现状却仍要加大生产这种“反其道而行之”的勇气并不是每个人都有的。

王永庆力排众议的做法在公司内引起了极大的反对，而且其他合伙人也以退出相威胁，但是王永庆不为所动，变卖掉了自己的砖厂和土地交换合伙人手中台塑的股份，最后只剩下王永庆自己独立支撑台塑集团。

这是王的坚持，也是王的骄傲。

时间证明了一切。

4. 打通上下游，多元化经营

对数学稍微有点概念的人都知道“点动成线、线动成面、面动成体”；对世界近代史稍有了解的人都知道列宁“十月革命”得以成功是采用了先占据重要大城市，然后向农村扩展的策略，但是中国伟大的军事家毛泽东却提出了“农村包围城市”这种截然相反的思路；手术刀想切开一个口，必须先画出一个点……王永庆就是战略大师，他在弱冠之年就已经初步参悟了其中奥秘，与在数学、战争学、医学上不同，他在商业上的所作所为可以总结成“打通上下游、多元化经营”。

王永庆在少年时开办了米店，但是这只是经商最底层的一个环节，要受到诸多限制。王永庆采取了从下面打到上面的策略，像“鲤鱼跃龙门”一样，在下游的最终端开办了碾米厂。在日据时期，一度做到嘉义第三，这是一份了不起的业绩。王永庆发现越往上走，竞争越少，话语权越大，品尝到建立产业链的甜头（这并不是一条完整的产业链，没有控制最顶端的米源）。在进军 PVC 行业之后，因为现实所逼，也因为年轻时的成功经历，王永庆用台塑集团及 30 余家子公司打通了 PVC 上下游产业。

就像游戏中打怪升级一样，有的玩家喜欢反反复复刷副本，但是王永庆更喜欢早点通关的感觉。

台塑公司（在 1957 年正式投产后，福懋公司改名为台湾塑料公司，简称“台塑”）生产出来的产品卖不掉，囤积如山，一方面王永庆仍加大生产，摊薄成本，降低价格；另一方面，开始筹办下游公司——南亚塑料公司。

1958 年成立的南亚塑料公司成了下游加工者和销售者，积攒许久接近爆炸的台塑集团终于找到了一个宣泄口，而这也成了王永庆与其他下游企业谈判的砝码——使用 PVC 材料的企业用日本和美国的产品压王永庆的价码，他们看准了王永庆攒货过多急需买家的弱点：我可以要你的货，但是你必须给我很低的价格，而且不能给其他厂家同样的价格。王永庆创办南亚塑料公司后，不再有生存危机，才有和这些厂家一起坐在谈判桌边上的资格。

但是仅仅有资格谈判是远远不够的，于是王永庆又出招了：在 1960 年，电石厂成立了。

电石是合成 PVC 的重要化工原料，电石厂的技术决定了原料的品质，而原料的品质又决定了 PVC 粉的质量，而现在这一切都是可控的了，这等于是给自己最大的软肋穿上了坚硬无比的盔甲。拥有电石厂意味着不再受制于人，意味着台塑集团基本占据了上中下游，初步完成了自己的战略布局。后来发展为分别以台塑石化、南亚、台塑、台化四大公司为首的四个体系。

多元化经营是指企业经营不局限于一种产品或者一个产业，而实行跨产品、跨行业的经营扩张。台塑集团掌握着 PVC 这种基础材料，所以涉足的行业也是五花八门。现在台塑集团的经营范围包括但不限于炼油、石化原料、塑料加工、纤维、纺织、电子材料、半导体、生物科技、教育、医疗。

5. 亿万富翁的“抠门”之道

“抠门”一词颇有意思，有一个说法是一个商人非常小气，连给门上装一个把手都不舍得，于是每一次开门都要用手指头抠门缝。

王永庆的节俭和他的经营之道一样声名远扬，被人们津津乐道。商人不舍得装门把手催生了一个新词，王永庆在“抠门”精神上有过之而无不及。

什么是精神？精神就是个人的行为之中体现出来的心理上一致性。在“抠门”这件事上，王永庆几十年表里如一，风雨不改。先说吃，王永庆喝咖啡加奶精，和现在喝酸奶要舔盖一样，一部分人会把奶精盒涮一涮，但王永庆至少涮两遍；去喝豆浆，别人会问加不加蛋，王永庆会先不加，等豆浆上来喝上一大口，再加个蛋，这样杯子又满了。再说穿，有一段时间，王永庆跑步瘦了，裁缝来之后量好腰身，准备做两套西装，没想到王永庆把旧西装拿出来，说给改改腰身就行。有一次，王永庆的小舅子从香港给他带回来两条领带，把原价 1000 多元一条的领带说成只要 100 多元，就这样还被嫌贵的王永庆骂了半个多小时。再说行，王永庆为了省钱一般不坐头等舱，但是随着生意越做越大，名声也越来越大，空姐经常会询问坐在经济舱的台湾“经营之神”是否需要升舱。在最小的女儿王雪龄出嫁时，他送给了女儿一把剃须刀，好让女儿给丈夫刮胡子，以及一张无限期提供学习费用的凭据。王雪红结婚时抱着的那束鲜花，是货比三家之后选的最便宜的。

最能体现王永庆“抠门”的例子是一条做“毛巾操”用的毛巾，竟然跟了王永庆 20 多年……

不光在生活上，在生产上，王永庆同样“抠门”。一次视察工厂时，他发现工人由于岗位的原因，把掌心磨了一个洞的手套给扔了，他对工人说道：“你们戴的工作手套，如果手掌磨破了，不妨翻过来，可戴在另一只手上再用。”

王永庆嫌两只灯管装在一起比较费电，于是加装了反光罩，去掉了一个灯管，这样在亮度不减的情况下，整个台塑集团每年能节省电费近 10 万台币，“抠门”抠出了门道。

但是王永庆在慈善上，手笔大到堪称“挥霍”。

在四川汶川地震中，王永庆捐款 1 亿元；他为祖籍所在地福建安溪捐献了 1.4 万多套“电子耳朵”，帮助聋哑儿童说话，花费达 15 亿元；王永庆还投入 30 亿元，计划在大陆建造 1 万所希望小学……

“锱铢必较”和“一掷千金”这两种对待不同的事不同的态度，更让这位信奉“有钱不去做公益，是一种罪过”的老人愈显可爱。

6.“胡萝卜加大棒”的管理

在王永庆的经营管理理论中，最有特色的就是奖励管理和压力管理两件法宝，我把它看成是“胡萝卜加大棒”的管理。

台塑集团的主管对于压力管理最为刻骨铭心，每天午饭的时候，各级主管和普通员工一样，在单位食堂打上一盒饭菜，但他们不在食堂吃，而要到会议室和王永庆一起吃饭，这就是大名鼎鼎的“午餐汇报制”。

王永庆可不只是吃饭或者是联络感情，而是把每天的午饭时间用来考试，考在座主管的业务能力。王永庆提的问题非常细致入微，有的甚至不是考试而更像是一种刁难。例如王永庆会突然指着一个主管问：“我们坐着的椅子，中间是泡沫填充的，要卖 60 块钱，你能通过什么方法把价格降到 40 吗？市场上收废品泡沫的价格更低，你能降到 20 块钱吗？用什么方法？”

连珠炮似的提问加上咄咄逼人的气势，被点名的主管回答得小心翼翼，没被点名的主管也是战战兢兢。在这种压力下，午饭还怎么吃？所以很多主管都得了胃病，被戏称为“台塑后遗症”。但效果也是明显的，主管们在压力下不断学习，业务能力不断长进。

王永庆的话很少，而且习惯性的以斜坐的姿态对着说话者，整个人的仪态、动作都非常具有压迫性，私以为王永庆一定看过“帝王学”之类的书。但是如果仅仅“临之以威”，那也不会有很多老臣在王永庆的灵柩前失声痛哭，甚至悲恸晕厥，这份情真意切很难作伪。那么王永庆如何抓住员工的心呢？

一是用钱，二是用情。

王永庆的要求苛刻，但是对于员工的奖励也极为大方。公司不仅有年终奖还有改善奖励，以及刊登在企业内部报纸杂志上的精神奖励。对于高管，除了公司的分红，王永庆还有对高管的私人奖励，管理人员把这种奖励称为“另一包”。王永庆采用“创造利润，员工分享”的做法，基层员工知道自己的工作会得到相应报酬，也都非常努力。

王永庆从做木材生意起，对于人际关系自有自己的一套理解，他不仅致力于建立长期的友谊关系，还花费很多时间维护。比如王永庆组织商界宴会，一般会站在电梯门口亲自迎宾，拍照站位和吃饭座席都是抽签决定的，而席间发言也是用几种语言讲，尽量照顾每一个人的感受。王永庆把尊重与关心落实到点点滴滴。

7. 拳拳爱国心

一向喜怒不形于色的王永庆曾颇为感叹地说：“二十年，足以让一个婴儿长成少年。”

他感慨的就是自己一手推动却最终胎死腹中的“海沧计划”，王永庆是改革开放之后第一批与大陆接触的台湾商人，商人逐利，但也爱国。

1989 年 12 月，王永庆携夫人李宝珠到达北京，居住于国宾馆 12 号楼。王永庆看到了新中国改革开放的契机，认为大陆将迎来发展的机遇期，于是谋算到厦门海沧打造在大陆的石化王国。当时的海沧刚被划定为“海沧台商投资区”不久，国家给了台塑集团诸多优惠，改革开放总设计师邓小平甚至许诺：划给海沧一万公顷土地供台塑建厂，若是不够，还可以在毗邻的漳州再划5000公顷。

在1990年4月，74岁高龄的王永庆再访大陆，并带病坚持考察了工厂选址。在6月份，“海沧计划”前期工程图纸运抵厦门，准备施工。直到11月份，台湾的各位“立法委员”敦促王永庆撤回投资，安定台湾企业界民心，王永庆仍梗着脖子，不愿低头。

王永庆不顾劝阻仍与大陆接触的做法惹怒了当时推行“戒急用忍心”的李登辉政权，他们认为“海沧计划”给台湾岛内带来的“政治伤害比经济伤害大”，于是采取了极其无耻的经济和行政措施：台湾当局将停止台塑集团的股票交易、冻结台塑集团的资金、限制台塑高层人员出入境。

“海沧计划”功败垂成。

直到2008年5月，王永庆花费13亿元在厦门海沧建立了一所长庚医院，已经年过九旬的他亲自赶往厦门出席开业典礼，王永庆的故土之情迟到了将近20年，却也在这20年里酝酿得越发浓烈。

前文讲到，王永庆在大陆的慈善之举也有不少，而且数额巨大。

纵观王永庆这一生，早年家道中落，尝尽辛酸苦楚；15岁打工，16岁创业，依靠卖米挣得了第一桶金；转战木材市场，在战争结束时已经完成了资本积累，这也为他战后参与台湾的经济起飞提供了入场资格；在一知半解甚至一无所知的情况下，创建台塑，果断进军PVC行业；而后以台塑为核心，建立起了台化、福懋等一系列企业，将之打造成具备完整产业链的航空母舰。年近耄耋，仍不改拳拳爱国之心，将业务带进中国大陆，也将那一腔爱国之情灌注进祖籍所在之地。

或许王永庆说过的一句话能给当下的人们一些启发：“贫寒的家境，以及在恶劣条件下的创业经验，使我在年轻时就深刻地体会到，先天环境的好坏不足喜亦不足忧，成功的关键完全在于一己的努力。”

二、“握刀的手”不属于“拥有刀的人”

2008年，王永庆去世。这位“经营之神”在美国视察工厂后，和同事小酌了两杯，睡下之后却再也没能起来，可以说这位战斗一生的老人走得相当安详。但是王永庆的身后事却并不平静，有人说精明了一生的王永庆难得的犯了个错误，但真的如此吗？

在王永庆去世一个月之后，自称是王永庆私生子女的罗雪贞、罗文源和罗雪映三姐弟突然要认祖归宗。“私生子”这种家族争产必备的戏码在王永庆死后也没有悬念的无可避免。

不光是私生子风波，曾经因为婚外情被王永庆逐出企业的大儿子王文洋也跳了出来，2009 年在美国向新泽西法院要求指定自己为王永庆的海外遗产管理人；2011 年又在香港状告自己的姐妹，要求将王永庆 40 亿美元的资产纳入遗产中。

王永庆去世之后，以前摄于他威严潜伏的各种危机、矛盾一并爆发，比 TVB 播放的电视剧剧情更为精彩。但颇为诡异的是，台塑集团的股票并没有出现断崖式下跌，反而保持着平稳的态势，这又是什么原因呢？

1.“拥有刀的人”和“握刀的手”

“我的公司不归我管”，这在传统的商业模式中是很难想象的。

但是早在 20 世纪 30 年代，美国经济学家阿道夫·贝利就明确指出了西方现代企业中所有权与经营权分离的现象并加以阐述。他指出：“公司制度的兴起，以及伴之而来的由于工业在公司形式下的集中而产生的所有权与管理权的分离，乃是 20 世纪中头一个重要变化。”

公司股票持有人就是股东，股东选举董事会，董事会聘用管理层。这样有两个好处：一是股东变动不会影响公司正常运行，因为公司的日常管理不是股票持有者直接进行的；二是股票持有者不必承担管理职责，但是有间接管理的权力。

“握刀的手”不再属于那个“拥有刀的人”。

洛克菲勒家族是这么干的，王永庆也是这么干的。家族成员只拥有经营权，还不是全部的经营权，而所有权更是不属于全体成员，所以王永庆死后不论是大儿子还是私生子闹得再沸反盈天，也基本不影响公司运作。

那么王永庆具体是如何操作的呢？

（1）家族经营

毫无疑问，在创业初期，一手包办了台塑集团的王永庆及家庭成员在集团内部拥有绝对的控股权，股权的高度集中有利于王永庆在瞬息万变的市场中如臂使指地调转企业运行的方向，因为企业还是一叶扁舟的时候，任何风浪都会让小船有覆灭的危险，这时候船长的能力至关重要，船长的权威也不容挑战。而且族人掌握股权也有利于企业利益与家族及个人利益的高度统一，但是随着企业发展，家族掌权的弊端也慢慢凸显，王永庆不断引进合作伙伴，稀释股权。尽管如此，王永庆及其家族成员在台塑集团内部仍占到28%的份额。

不光在股权上，在经营上，王氏一族也占了台塑集团半壁江山。首先说王永庆的弟弟王永在，他做了“经营之神”一辈子的影子：王永庆做了一辈子的董事长，王永在则做了半辈子的总经理；王永庆的大弟因肺结核死去，王永在这个二弟从王永庆创立米店开始就跟随在他身边；王永庆的车牌号是0001，王永在的车牌号是0002。

不光是兄弟，王永庆和王永在兄弟也是多妻多子，他们打破了那个时代女性不参与公司管理的惯例，让女儿们都接受高等教育和西方教育，进入公司管理系统，而且还把女婿也招进集团内部。至于儿子们，除了王永庆的大儿子王文洋因为婚外情事件被逐出台塑，其他都在台塑集团内部担任重要职务，如王文渊任台化公司总经理，王文潮任台塑石化总经理。

（2）群体决策

2008 年，王永庆去世。王永庆的生前谈话中关于接班有以下信息：实行群体决策，但不排除有一个核心人物；谁接班看才能，并不固定说非要是儿子或者女儿，外来人也是可以的；接班是一个自然过程，不必刻意安排。

事实证明，台塑的接班基本是按照他的设想进行的。因为台塑集团体量太过庞大，第二代中缺乏能一呼百应的领军人物，于是王永庆采用了集体决策这种形式。其实台塑集团内部向来不缺乏集体决策的基因，20 世纪 70 年代，王永庆就建立了“幕僚系统”，顾名思义，就是指挥中心，庞杂而又繁复的台塑系需要强有力的中央集权，而中央集权就需要一个聪明的大脑，“幕僚系统”就是这个大脑。

以前大脑的最核心是王永庆，现在最顶层变成了“七人决策小组”(2011 年，七人决策小组扩展为九人)。这七个人中，有王永庆这一脉的王瑞华（时任台塑副总裁）、王瑞瑜（时任台塑总管理处副总），有王永在一脉的王文渊（时任台塑总裁）、王文潮（时任台塑石化董事长），还有台塑集团的老臣李志村（时任台塑董事长）、杨兆麟（时任总管理处总经理）、吴钦仁（时任南亚董事长）。

这一份名单相当巧妙，不光有二代，也有老臣，这就让台塑集团不只是单纯的家族企业，职业经理人的加入就像给台塑这辆高速前进的列车装上了避震器，大大减少了车子倾覆的危险。

（3）所有权和经营权分离

王永庆在 1976 年一手创办了台湾长庚医院，这不仅是痛心于台湾医疗环境的恶劣——收红包、摆臭脸、乱收费，也感念于当年在疾病中挣扎的父亲。

长庚医院的作用不止看病救人。

王永庆把台塑集团控股母公司的控制股权转入长庚医院，由一个医院控制一个集团，这个想法很有创意。因为长庚医院是由慈善性质的基金会管理的，也就意味着集团的收益不能拿来分红，必须用于再投资或者做慈善，这就从根本上杜绝了子女觊觎集团资本的野心。

其实，这不仅是王永庆的睿智选择，他也有一些不得已的苦衷。

第一，台湾的遗产税非常高，基本能达到一半，也就是说王永庆的台塑集团要砍掉一半上税，这对整个生产体系的破坏是视台塑为亲生子女的王永庆不能容忍的，而且退一万步说，即便他愿意给，他的子女也拿不出那么多钱来接受。

第二，王永庆摆在台面上的妻子有三个，但是不论是港台剧还是现实中死后争产的戏码向来不缺，王永庆死后果不其然有一个女人跳了出来宣称是王的第四房，而且还有三个孩子。算上这几个蹦出来的私生子，有家产诉求的有十几个人，如果真的分掉的话，台塑转瞬间就不存在了，况且不见得能让每一个孩子都满意，毕竟老祖宗早有至理名言：不患寡而患不均。

第三，石化行业是一个高污染行业，当生活水平不高时，各方面对于环境问题还没那么大的关注，但是随着经济发展到一定程度，“青山绿水”就显得越来越重要。在王永庆活着时，就已经有很多反对的声音了，最典型的就是台湾宜兰建厂事件，因当地民众的抗议而流产。如果台塑集团在家族手中，那么污染这顶帽子也能把台塑压垮——虽然台塑已经在污染方面投入了很多的精力和金钱。

接着前面说，那么这个基金会是由谁来管理的呢？和台塑集团一样，也是集体领导。长庚医院有 15 名董事，王氏家族最多占据五个席位，其他则由社会贤达人士或者专业人士担任。也就是说，王氏家族想把持基金会不是完全不可能，但是变得很困难。

王永庆曾说过：“财富虽然是每一个人都喜欢的事物，但它并非与生俱来，同时也不是任何人可以随身带走。人经由各自努力程度不同，在其一生中固然可能积累或多或少的财富，然而当生命终结、辞别人世之时，这些财富将再全数归还社会，无人可以例外。”

王永庆把财富聚集之后，又还给了社会。

2. 无形传承

《道德经》中讲：“大方无隅，大器晚成。大音希声，大象无形。”王永庆留下的遗产也不仅仅是他的几房儿女争夺的现金和房产，更宝贵的还是精神层面的财富，他白手起家的苦干精神、他坐拥亿万却不改初衷的艰苦朴素、他面对风雨屹立如山的男儿本色。

因为王永庆去世的比较突然，所以没有留下什么遗嘱，但是因为王永庆生前有给子女写信的习惯，所以在这些点点滴滴中我们还是能拼凑出来一个比较清晰的父亲的形象。在王永庆的信中，有一封这么写道：

我希望所有子女都能够充分理解生命的真义所在，并且发自内心的认同和支持，将我的个人财富留给社会大众，使之继续发挥促进社会进步、增进人类福祉之功能，并使一生创办之企业能达到永续之经营，长远造福员工与社会。

但是，正如《围城》所写：城外的人想进去，城内的人想出来。拥有占台湾 GNP11.8%企业的他喝个咖啡都要涮两遍奶精盒，却能悟透财富的本质，但是自出生就享受丰厚物质的他的子女却为之争得头破血流。

不过，只是个例，并非全部。

在台塑集团的大局中，没有王雪红的身影。王雪红高中毕业后，就孤身来到美国加州大学伯克利分校攻读经济学，她寄宿在旧金山的犹太人家庭中，相比于家中的热闹繁华，旧金山的空气对于一个出门在外的小姑娘来说总有些凄风苦雨的感觉。

王永庆这个固执传统的老人给自己的宝贝闺女每星期写一封信——用的还是最廉价的那种单薄的绿信纸，这就是最有趣的地方，最早把电脑引入企业管理的前卫老人却依然采用写信这种古老的方式，最终教育出来一个独立自主的王雪红。

王雪红回国后在台湾大众电脑公司干了两年后，自己开办了一家公司——宏达国际（也就是大名鼎鼎的 HTC“火腿肠”手机）。2011 年，王雪红以 68 亿美元的身价成为当年的台湾新晋首富。

在今天，“分家”仍然是企业家们一个头疼不已的话题，相比王永庆，这不仅缺了一份豁达，也少了一份睿智。正如林则徐所说：“子若强于我，要钱做什么？子若不如我，留钱做什么！”在飞速变化的社会面前，人才是唯一保值增值的产品，能让子孙在处世立身上有一技之长，比留下金山银库更有价值。

总评

股权设计：切蛋糕的正确方式

“天下熙熙，皆为利来；天下攘攘，皆为利往。”中国的老祖宗一句话道出了社会的本质。商业模式由简单的以物易物进化成今天的大公司制、协作化生产。“一手交钱，一手交货”的交易也变成了更艰险诡谲的对所有权的争夺。

股权是财富的一种，财富是资源的一种。

人生而为人，虽然社会性才是人的本质属性，但是天性中亦有动物的成分，争夺、利己、弱肉强食。所以对资源的攫取与控制几乎是一种本能，从另一个角度看，这也是人类社会进步的动力所在。

人们总是把股权比喻成蛋糕，但是蛋糕好吃不好保管，一不小心就变质了。众人你一把面粉、我一勺奶油做起来的蛋糕必须人人有份，也需要小心翼翼地切分得让每个人满意，否则，不满意的人直接掀桌子砸蛋糕，大家都没得吃了。

这里讲一下切蛋糕的正确方式。

一、股权设计的注意事项

股权是家族企业财富的象征，而从创业者手里接过股权，就意味着开始真正拥有企业。在家族企业的传承中，股权交接是关键的一步。所以，企业股权要如何设计、如何交接，是家族企业治理的重要课题。

人们很少谈论股权结构的问题，家族成员之间也不太会谈，大家觉得这是一个敏感的话题，因为中国人觉得“谈钱伤感情”。但是这个问题却不得不谈，因为许多企业的股权根本没有落地，大家在吃着大锅饭。创业一代因为有大家长的威严，所以还能镇得住，但是二代、三代再吃大锅饭，是万万不行的。股权设计是一个早就应该开始的工作，不然一定会埋下隐患。

珠穆朗玛峰寂寞了很多年，向这座山峰进发的人不知凡几，但其中一部分人冻成了硬邦邦的尸体，成了人肉做的路标，一部分人半途而废，最终站在峰顶的人寥寥无几，企业传承相较攀爬珠峰的艰难有过之而无不及，而股权设计就是一双登山靴，这双靴子合不合脚直接决定了企业能“山登绝顶人为峰”，还是成为“可怜无定河边骨”，令后人嗟叹。

（一）股权的特征

一个投资者拥有某个企业的股份，不仅意味着他是企业的所有者之一，也说明他对企业的经营管理有一系列的权利。这些权利有大家知道的分红权或称收益权，还有在董事会中的投票权或者决策权，最后一个就是转让权。这三个权利是一体的，也可以分开。每个权利的大小，权利的组合方式等都可以灵活设计。收益权和转让权比较死板，决策权的灵活性很大。家族企业的股权和一般企业相比，需要更多的可操作空间。每个家族企业的发展目标、治理模式、管理机制等都不同，股权是一个家族企业稳定发展的基础。

在家族企业中，给予家族成员、企业高管股权，能起到激励的作用，激励他们为企业发展献计献策。同时股权也是一种权利分配方式，将家族成员和外部所有者的权利区别开来。在家族内部，股权的分配还有利于家族的和谐。因为拥有股权的多少直接决定了话语权的大小、剩余索取权的大小，家族成员通过股权的分配公平获得干预企业行为的权利。当家族成员之间出现矛盾或者对企业的发展方向持有不同意见的时候，可以利用手中的股权进行投票表决，民主地解决分歧，避免出现家族内斗。

股权的构成称为股权结构。股权结构需要家族企业创始人或者现任决策者认真考虑，如果考虑不周，就可能破坏企业的稳定和家族的和谐。

湖南有一家年营业额超过6亿元的企业，创始人刘总已经68岁了，他有三儿一女四个孩子，老大担任总经理，另外的三个孩子都是副总经理，各分管一块工作。

在股权安排方面，刘总只是口头告诉孩子，自己占25%，三个儿子各占21.67%，女儿占10%，这是一个比较平均的分配方案。若是刘总退休之后，他的25%股权给谁却没有规定。

股权在口头上做了分配，刘总一手创办了企业，是无可争议的决策者，但是却没有决定几个孩子谁有决策权，这就是说，决策权和股权已经脱钩了。

另外，刘总规定第三代不能持股，这是对转让权的限制，即股权不能随便流动，甚至在家族内部都不可以。此外还有不分红，没有股息，这是对分红权的限制。

这个例子相当有代表性，因为中国众多的家族企业都是没有上市的。这些没有上市的家族企业创始人在分配股权的时候大多采取平均主义，对每种权利的规定也很死。这样的股权安排，创始人还健在的时候是没有问题的。一旦创始人去世或者企业经历大的波动，就可能出现家族内斗。在这个例子中，刘总给三个儿子平均分配股权，而对他自己持有的25%股权的去向并没有规定。股权不清晰是股权设计的大忌。刘总考虑的比较长远，为了保持企业和家族在一定时期的稳定，他规定第三代不能持股，也就是规定了股权在家族内部不能随意流动，这种规定太死板，缺乏对家族成员的有效激励。家族企业的股权要根据家族成员的变动情况和企业的生命周期给予相应的调整。

（二）股权的集中或分散，各有利弊

家族企业的股权结构是集中点好，还是分散点好，要依情况而定。股权集中于家族手中，便于家族掌控企业，把握企业大方向。对家族内部成员来说，股权集中在少数几个家族成员手中，也便于家族领袖进行内部管理。家族企业股权集中不利于引进外部投资。而企业要扩大规模，必须分割一些股权给其他投资者。股权集中对于家族企业内部的职业经理人来说，缺乏激励机制；对其他家族成员来说，会感觉不公平。

股权结构分散，也就是指企业的股东除了家族成员外，还有一些其他

外部股东。在一些大型家族中，股权相对分散，因为让家族成员都拥有企业股份，比较平均，大家有公平感。股权分散让企业董事会的决策更加民主，避免创始人及其家庭成员一言堂的局面。在家族企业发展或者上升期，为了引入外部资金，股权结构不得不分散一些。在欧美一些国家的家族企业，股权分散就更厉害了。但是股权分散有也问题，家族对企业的掌控权被削弱。严重一些，可能家族企业的控制权都被其他投资者或者机构夺走。

有一家做快速消费品贸易的企业，创一代有两个儿子、两个女儿，都已经成年，且在企业内工作。作为创一代的父亲，思想非常传统，他坚持一定要把企业的大部分所有权传给大儿子，在股权分配方面，二儿子分到10%，两个女儿分别分得5%，其余的尽归老大。

事实上，二儿子在企业经营方面更为出色，他担任公司分管运营的副总裁，四年内帮企业成功发展了两个新项目，获利颇丰，企业规模和形象也完全提升了一个档次，客户也非常认可。

排行老四的小女儿对企业同样有重大贡献。她留学回来后在公司担任财务总监，她发现公司账目十分混乱，管理人员贪污、收回扣现象很严重，基层员工怨声载道，离职率很高。经过她半年的调整，账目便清晰了，管理人员廉洁了，公司利润直接提高了近20%。于是她建议公司从提升的利润中拿出一部分增加员工待遇，这样，基层人员也稳定了不少。

相比之下，老大就显得很平庸，虽然在企业十多年，却没有拿得出手的成绩。

在股权分配之前，父子几人在企业同心协力，配合得还算不错。两年前，在父亲公布了股权分配方案后，情况发生了转折——二儿子表面上依然尽心尽力，实际上已经悄悄注册了完全属于自己的公司，一部分精英人才和优质业务正被他偷偷转移到自己名下的公司。正在企业打拼的两个女儿，也发现自己一夜之间被父亲从“家人”变成了“外人”，大受打击。

2012年，父亲宣布退休，老大正式接班。

2013年初，两个女儿将5%股权套现，离开了公司。

2014 年，许多行业一片哀鸿，这个家族企业也不例外。正处于水深火热之中，二儿子釜底抽薪，套现股份，并公开另立门户，这无异于在病痛的企业身上补上一刀。结果就是，老大借高利贷救企业于水火，不成功，再借，漏洞越来越大，只能跑路。

这个案例中，企业的股权主要集中在长子手中，其他孩子只是得到零星股权。受到传统的“子承父业”观念的影响，该企业创始人把企业传给了长子。把企业传给长子，也无可厚非，但是长子的能力却不能掌控这个企业。其他兄弟姐妹都感觉到不公平，愤而离开。家族企业进行股权设计时，如果家族内部不能在公平和激励两个方面找到平衡，企业经营很难延续下去。

（三）家族企业在股权设计中面临的四大难题

股权结构就好比是一栋大厦的地基，如果地基不稳，企业的控制权随时会出现问题。股权结构设计是公司治理中最为关键的一个环节。家族企业因为家族成员的涉入，使得股权设计需要考虑的因素更多。家族企业在发展的不同阶段会遇到不同的难题，需要重新设计股权结构。这里谈一下家族企业在股权设计时通常会遇到的一些困难。

1. 在不放弃家族控制权的前提下如何为企业扩张融资

家族企业处在初创期所需要的资金量比较少，创始人或者家族成员可以拥有企业的 100%股份和控制权。但是随着家族企业的发展，需要开拓新的市场或者开发新产品，就不得不进行外部融资。

家族企业扩张融资的方式有很多种，可以上市、通过银行等金融机构借款，也可以向机构投资人或者自然人融资。在欧美市场，家族企业通过公开方式募集资金比较容易。因为欧美的家族企业股权比较多元化，产权比较清晰，大多数的所有权和管理权分开。而在中国大陆，家族企业的股权非常集中，通常情况下，企业的 90%以上股权都集中在家族手中。大陆的家族企业的所有权和管理权经常捆绑在一起，公司治理比较混乱。鉴于这两点，外部投资者在投资家族企业时会非常谨慎。这样，家族企业想要在不放弃家族控制权的前提下进行扩张融资就很困难。外部投资者在投资时就会开出很多的苛刻条件，有些条件是写在投资合约上的，有些压根就没有写。提出这些苛刻条件的目的是干预家族企业的运营，外部投资者试图通过手中的股权获得决策权甚至争夺控制权，最终达到最大化收益的目的。如国美电器、雷士照明等都发生过机构投资人争夺企业控制权的事件。

为了防止控制权的丢失，家族企业在重新设计股权结构的时候，要把股权的三种权利吃透。决策权和收益权要分开，让外部投资者获取收益权，家族企业牢牢掌控决策权。如果外部投资者非要进入董事会，那么则对其投票权做出严格的限定。家族企业要设计一个动态的控制权监督机制，对外部投资者的系列行为进行监督。只有这样，家族企业才有可能把企业的控制权留在家族手中。

2. 家族壮大后，如何避免因股权稀释而陷入困境

家族企业发展到第二代、第三代之后，家族成员人数就会增多。如果家族成员都要持股的话，股权就会很分散。股权分散可能让家族企业缺乏一个有力的领导者，也让家族成员有了干预企业正常经营的权利。这可能导致家族成员在对企业经营产生严重分歧时，让企业陷入困境。

（1）双层规划

双层规划能把家族成员的个人利益和企业的利益区分开来，既让家族成员享有企业的分红，保证家族的和谐，又能让企业正常运转。双层规划的意思就是在家族中设立家族委员会和在企业中设立董事会。家族委员会由家族成员参加，目的是为家族成员提供一个沟通的平台，协商家族内部事务和企业相关事情。家族委员会处理的是家族内部的矛盾，企业经营管理的主要决策仍然由董事会做出。董事会成员构成既有在企业工作的家族成员高管，也有企业的其他高管。让其他高管进入董事会可以引入外部智慧，避免一言堂现象。

家族委员会在运转的时候要注意几点：一是平时多和家族成员沟通；二是多开展一些家族活动，加深感情；三是尽量让每个家族成员都能参与

家族委员会。

（2）重新分配

在家族企业中，重新分配股权是一个重大事件，搞不好会打官司甚至影响企业运营。只有当其他办法都不行时，才会重新分配股权。世界上一些历史悠久的家族企业都有过一次甚至几次股权重新分配的经历。往近处看，香港的冯氏集团（利丰集团）在 1988 年收购分散在家族成员手中的股权，完成私有化，1992 年重组后在香港联交所重新上市。冯氏集团采取的是股权回购的方式，股权重新分配还有家族内部交易机制和股权向后代转移协议等其他方式。

家族企业发展到第二、第三代后，家族成员就会增多，每个人手中都有可能持有企业的股份，这样企业的股权结构就过于分散，企业实际掌管者的控制力被削弱，不利于企业重大决策的推行。这时就可以重新评估股权的价值，回购股权。

散落在家族成员手中的股权可以通过家族内部交易机制，合理地将股权集中到少数家族成员手中。让股权在家族内部进行转让，还可以给家族成员一个灵活的退出和进入家族企业的方式，更受家族成员的欢迎。家族企业创始人或现任者在进行股权设计时要考虑如何实现股权的内部交易。

股权向后代转移也是一种重新分配股权的方式。但是向后代转移忌讳平均主义，要根据家族成员的个人能力进行转移，不能一刀切。股权向后代转移使得家族企业的股权保持了灵活性，也有利于激励后代家族成员参与企业管理。

上述三种重新分配股权的方式都能保证股权在家族内部有序流动，避免严重的家族冲突。这里还有一个关键问题，股权回购和股权内部交易都需要对股权进行重新定价。因为香港利丰集团是上市公司，股权很好重新估价。如果是非上市家族企业，就要聘请专业人士对股权进行合理估价，不能主观臆断。

3. 上市还是不上市

家族企业发展到一定规模后，很多创始人就会考虑运作企业上市。想上市的原因很简单，就是为了募集资金，进一步扩张。这些创始人把企业上市想得过于简单。在准备上市前，要对企业做一系列的调整，如财务制度、董事会制度等，还需要和相关机构打交道，这会耗费很多精力。上市后的家族企业需要遵循现代公司制度，进行公司治理、财务披露。公司的重大决定不再由创始人一个人说了算，定期向公众披露公司的经营状况，这些都会让习惯个人权威的创始人很不舒服。一些股东会有投机心理，要求公司尽快盈利或者快速盈利，好让自己的投资快速获得回报。股东对短期利润和分红的渴望，会打乱家族企业的长远战略目标。

在日本和德国，很多传承了几百年的企业没有上市，在香港有一家华人家族企业传承典范的企业——李锦记，传承到第三代了，也没有上市；中国大陆家族企业成功传承的代表之一——方太厨具，也没有上市。这又如何解释呢？ 李锦记的理由是，企业不缺资金，没有必要上市。方太的理由是，想做500年的企业，而不是500强企业。家族企业不上市有很多好处：第一，可以专心做自己的事情，不受股市波动的影响。第二，便于保守企业经营的秘密。第三，掌控企业，不用被外部股东牵着鼻子走。

上市还是不上市，家族企业可以根据资金的需求和企业的发展战略来定，重要的是把握好企业的长远目标。

4. 如何充分利用注入信托和基金之类的机构持股方式

在欧美国家，很多家族企业都采用信托和基金来持有企业的股票，家族成员不直接持股。这样家族成员之间出现重大冲突的时候，家族的资产不会受到影响。如新闻集团默多克就采用了家族信托的方式，他和邓文迪的离婚并没有给个人资产和企业资产带来影响。邓文迪离婚所得只是享有女儿作为信托的受益人所获得的收入，并没有分割默多克庞大的帝国财富。在香港地区，新鸿基地产、长江实业等企业都有家族信托控制。李嘉诚设立了四家信托，分别指定了受益人。中国大陆采用信托持股的家族企业也逐渐增多，如SOHO集团的潘石屹和张欣通过家族信托实现了对企业的控制。2012年中国女首富吴亚军离婚，其上市公司龙湖地产的股价并没有因此受到影响。原因是早在 2008 年公司未上市前，吴亚军和丈夫分别设立了一个家族信托，将公司的股权分别转移到信托中。

从上面的例子可以看出，家族信托能够保护个人或者家族的财产。那么家族信托是怎样保护家族财产不受分割的呢？

家族信托最早出现在20世纪八九十年代的美国，它是一种信托机构接受个人或者家族的委托，代为管理财产的方式。家族信托是一种法律行为和契约关系。家族信托涉及三个当事人，委托方、受托人、受益人。家族信托中最为关键的一条就是资产的所有权和收益权是分开的。家族企业创始人是委托人，把资产交给信托后，就不再拥有该资产的所有权，但是有一项自主权，就是收益权的分配。创始人可以根据自己的意愿指定受益人和受益的大小、方式等。信托机构是受托人，在信托期限内，持有该项资产，完成一系列的义务，实现资产的保值增值。受益人一般是家族成员，根据信托契约的规定，享受收益。

家族企业采用信托机构持股能实现几个目的，包括财富安全和升值、财富灵活传承、股权结构的稳定等。委托出去的资产和家族其他资产是分开的，家族内部如果出现离婚、内斗等分家产的情况，这部分资产不会被分割。如果企业破产，这部分资产也不会作为企业资产来清偿债务。受益人只能根据信托契约规定，享有受益权和管理权限，不能随意挥霍。家族企业创始人可以根据需要灵活地设置信托契约条款，如期限、收益分配条件、财产处置方式等。家族信托能够保证委托人离异或者再婚，家族财产的受益人只能是他的子女或其他指定的受益人。家族信托设立后，信托资产由受托人来管理，委托人不再公开对外披露资产的运营情况。信托资产还避免遗产税，因为在委托人去世前资产已经转移到受托人手中。

家族企业创始人通过家族信托能够实现企业股权的安全转移，避免不必要的股权结构变动。家族信托能够保证家族成员对企业的控制权，实现股权结构的稳定，同时能引入外部经理人来管理企业，实现企业的可持续发展。跨代信托还能够实现几代人衣食无忧。

但是家族信托也有一些不利的地方。第一个就是不够灵活。家族信托在规定时间内是不能转让的，这可能使家族成员或者企业出现大问题。家族信托中，委托的股权是这个家族的共同财产，单个家族成员不再是企业的直接所有人，不再持有家族股权。家族成员转变成为信托的受益人，受益人拥有的表决权、分红权和转让权根据事先的信托合约进行分配。由核心家族成员、律师等专业人士组成的受托委员会负责执行受益人的权利。如果家族企业创始人设立了一份永久信托，规定永不解散、资产不能转让，那么问题就出现了。因为不能转让资产，企业的运营受到限制，即使家族成员对信托有意见也没有办法解决。

第二，影响企业的长期发展。家族成员作为受益人，只能通过信托定期拿到分红，因此他们只希望多拿分红，而不会关注企业的长远发展。分红拿得越多，企业用于再生产的利润就越少，进而影响企业的长期投资。有数据表明，香港的一些有信托管理的家族企业，会将收益的62%用于分红，而一般家族企业只会将收益的43%用于分红。

第三，家族对企业的影响力会减弱。家族成员只是信托的受益人，不再持有企业的股票，长期下去，家族成员对企业的关心会越来越少。如果不再有家族成员在企业担任要职，企业完全由职业经理人打理，职业经理人就可能掌握企业的控制权，也有可能夺取企业的所有权。

再来谈谈基金会。基金会和信托还是有一些差别的。英美国家的家族企业选择信托来持股的多，因为英美是普通法系国家，信托最早产生于英国，是普通法系的产物。基金会形式则主要出现在欧洲和拉美国家，这些国家属于民法法系。如果这些国家不承认普通法的信托，家族企业就要采用基金会的形式来进行股权安排和财富规划。

基金会是一个独立的法人，而信托不是。基金会需要注册，有自己的章程。基金会章程中和信托契约的功能一样。基金会的管理是由委员会来完成的。家族企业的创始人通常是基金会的创始人，可以成为基金会的委员会成员，实现对企业资产管理和股权安排的目的。家族企业创始人也可以是基金会的监护人。

家族企业创始人通常将企业股权捐赠给基金会，让基金会持有企业股权。欧洲的很多大型家族企业会选择基金来持股，如世界著名的德国博世集团。博世始创于 1886 年，1964 年伯特—博世有限公司的 93%股权被罗伯特—博世慈善基金持有，博世家族只拥有该公司的 7%股份。罗伯特—博世慈善基金是绝对控股股东，但是不做任何决策。公司的主要投票权(93%)转至新成立的罗伯特—博世工业信托公司。博世集团的所有权、控制权和经营权实现了三权分立。中国大陆的个别家族企业也在尝试基金持股的方式，如 A 股上市公司福耀集团。2009 年，福耀集团创始人曹德旺捐出家族持有的福耀 70%的股权成立何任慈善基金会。公司持有基金会股权达到近 15 %，三益发展有限公司持有 20%的股权，该公司由曹德旺实际控制。两个大股东的股权比例占到了 35%左右，实现了对福耀集团的绝对控制。

家族企业在选择采用信托持股还是基金持股的时候，要注意几点。家族信托在海外已经很成熟，但是中国大陆在 2013 年才有一些机构推出家族信托业务，家族信托还处在初步发展阶段。家族企业要谨慎选择采用国内信托还是国外信托。针对家族信托的一些弊端，要灵活设计家族信托契约的各种条款，尽量降低风险。如果家族企业创始人不熟悉信托法律，或者很难接受家族信托的方式，也可以选择基金持股的方式。但是无论家族信托还是基金持股，要想实现股权结构的稳定和家族的和谐，还需要进行家族治理。

二、股权设计的具体操作

家族企业股权设计在企业初创期不是难事，等企业发展壮大后或者家族繁衍几代后，事情就变复杂了。企业要发展、要扩大规模，需要资金，需要人脉，需要很多资源。家族不得不出让一部分股权，获取企业发展所需要的各种资源。外部机构或者投资人进入家族企业后，会要求更多的决策权。要比较好地处理这些问题，只要遵循公司治理的一套方法，谨慎设计股权的三种权利，就可以解决。

家族企业股权设计的难点是家族繁衍几代后，股权集中、股权分散、股权分配等都成为问题。股权集中在少数几个家族成员手中，便于企业决策，减少家族成员对企业的干预。但随着后代成员的增多，不得不进行股权转移。经历一两代后，成员越来越多，股权就分散在不同的家族成员手中，企业管理的难度就会增加。家族成员不像外部投资者那样，通过协议就能解决利益分配。家族成员和家族企业有一种天然的情感联系，股权分配不均会伤害家族情感。有些家族成员还为企业的发展做出了很大的贡献，股权分配不均会破坏家族稳定，搞不好分家又分业。

（一）从实际案例看股权设计

在本篇的案例中，我们提到了曾经的酱油之王——杨协成。现在做一下简单的回顾，杨协成是由杨景连于 1901 年在福建漳州创办的，杨景连有五男三女八个孩子。1935 年，杨景连由于身体状况欠佳，把酱油厂交给年仅 22 岁的长子杨天恩管理，由于业务不断增长，在 1956 年杨协成酱油厂改名为杨协成罐头酱油有限公司，此时杨天恩把杨协成酱油厂的资产分成七份，分别由兄弟五个和孙子辈的杨至明、杨至杰获得。

然而，进入 20 世纪 90 年代，杨氏家族内部开始不断就投资决策争吵，管理理念出现重大分歧。1993 年以后，杨协成虽然采用集体决策，但由于家族成员越来越多，再加上当时的主席兼总裁杨至耀不断掣肘，无法有效管理，决策十分困难。

1994 年 5 月，杨至耀向法庭申请解散杨协成公司。

杨协成公司最终的解散可以说是股权设计失败的一个典型例子。杨协成把资产分成七分，直接导致后续家族成员之间的争斗。华人传统的家业传承方式是均分资产，大儿子继承家业。这无可厚非，但是家族第二代成员增多后就会出现问题。怎么处理呢？

分家有两种方式，一是分股权，二是分家业。分股权可以有多种分法，要均分也可以，但是要为股权分散后的状况做出预测，并想好对策。股权的分配需要一个配套方案，家族股权回购协议或者是股权内部交易机制。

随着家族分支的扩大，有些家族成员的能力会变强，有些会变弱，让有能力的家族成员能够购回其他家族成员的股份，大展拳脚，继续为家族企业开疆拓土。有些家族成员可能不再想拥有企业的股份，可以在家族内部转让他的股份，做自己喜欢的投资或者其他的事情。

另一种是分家业，分家业就是把原来的企业分为几大模块，分别由不同的子女来掌管。但为了防止子女之间各自为政、相互竞争，彼此之间要相互参股，相互监督。

2012 年，老刘去世了，弥留之际，他把原来一直未落地的股权分给了四个孩子，三个儿子拿到了 30%，小女儿拿到了 10%。老刘希望四个孩子能像自己活着时一样，同心协力，把企业经营下去。

但是三个月之后，事情就发生了变化，四个子女开始内斗，甚至闹到了法院。起因是老三不同意老大保守的经营风格，他主张公司投资一些利润高但是风险大的项目，老三认为自己是兄妹里面读书最多的，是经济学研究生，甚至比老大的儿子水平还要高，所以自己担任常务副总会更合适，但老大不同意。

老二保持中立，老三就趁着四妹生孩子无暇顾及公司的时候，收购了四妹的股权，这样一来，老三一下子就变成了大股东，成了董事长兼总经理，他还让老二的儿子当上了常务副总，老三想着终于能施展拳脚了。

但是老大心中不好受，父亲遗言在耳，弟弟妹妹却抛弃了他。于是，老大也不想干了，提出退股，出去自创天地。这个结局，老三当然喜欢，但是老大的股份以多少钱买卖，双方一直谈不拢。无休止的讨价还价让两边都有点不耐烦了，于是老大一纸诉状递到法院，要求把公司清盘，清盘会致使整个公司被拍卖掉。老大虽然不是控股股东，但他是大股东，有这个权力要求法院解散这个公司。

上面这个例子告诉我们两件事：第一，股权均分要谨慎。老刘认为，三个儿子对企业的贡献一样，所以就均分，每个人 30%，这会让三个儿子谁也不服谁，相互争斗在所难免。第二，不要创造一个关键少数。小女儿拿到 10%股权，就成为一个关键少数，在三个儿子的争斗中起着关键作用。

经济比较发达的广东沿海有一家企业，创始人姚先生，整个家族包括他的太太、一个儿子和六个女儿。吴先生到了 65 岁的时候，打算退休让儿子接任 CEO，于是将企业的股权做了分配。吴先生没有给自己留任何股份，全部分给了太太和子女。他非常精明地把投票权和分红权分开了。就投票权来说，他的太太分到了 16%，儿子分到了 48%，六个女儿每个人都分到了 6%。就分红权来说，太太分到了 8%，儿子分到了 20%，六个女儿各 12%。

上面的这个例子说的是同股不同权，股权的三种权利可以分开。对于没有上市的家族企业来说，完全可以这么做，但是上市的家族企业必须同股同权。

决策权和收益权可以分开，但是为什么这么分呢？投票权和分红权分开，实质上就是将经营决策权和获得收益这两种权力有偏重的分到家族成员手里。分给儿子的权利偏重经营决策，儿子的投票权就比较多，但分红权相对较少。儿子是第二代中唯一合格的继承人选，手握 48%的投票权能让决策更有效率。六个女儿每人 6%，就算联合起来也不会压倒儿子。但是如果母亲加入进来占比就不一样了，母子联合会有 64%的绝对控制权，母女联合有 52%的投票权，这也能在一定程度上限制儿子。

分给六个女儿的权利偏重获取利益，因此她们每个人的投票权就比较少，但是分红权相对比较多。总的来说，股息的分配还是比较平均的。儿子和女儿只有 8%的差别。平均的好处在于可以平衡参与企业经营与不参与经营双方的利益矛盾。没有经营企业的股东都希望多分红，套现走人。经营企业的股东则希望将所有的利润用来投资获取增长。为了平衡这种矛盾，所以父亲决定给女儿多一点分红权。

这个家族的股权设计，比前面的刘总家族的设计更为缜密。股权设计不再是单纯的平均分配，而是试图利用股权分配来实现家族各方面的利益制衡。

姚先生设计了这种看上去比较合理的股权分配方式，但是在他去世后不到一年，子女们就开始闹矛盾。闹得最凶的是小女儿，她觉得公司这么赚钱为什么分红却这么少，她猜疑哥哥在财务上做了手脚，于是要求进公司当财务总监，查哥哥的账，哥哥觉得妹妹无理取闹，没有答应。小女儿联合起其他五姐妹要求哥哥增加分红，否则就要找独立的审计师查账。

小妹觉得公司财务不透明，自己的分红权得不到保障；哥哥觉得自己一力经营公司，等于为姐姐、妹妹甚至妹夫、姐夫打工，他们还不断影响自己的工作，也很委屈，两者都各有苦衷。

这个家族在父亲在世的时候没有设计家庭治理方法。幸运的是，父亲设计的股权分配中，并没有限制股份在家族中流动。虽然父亲去世了，但母亲还健在。最终，母亲以家长的权威要儿子把女儿的股份全部买回来，小女儿拿到钱自然也不再闹了。其实把手中的钱变现，正是小股东们的心愿，因为他们对于经营企业没有热情，想的就是早点分钱。一旦出现家族不可调和的意见分歧，他们乐意利用股权的流动来解决问题，而不用上法院。于是这家企业在小妹退出之后继续成长，家中也相安无事。

（二）大型家族企业常见的股权结构

大型家族企业包括上市的家族企业通常有好多个下属子公司，家族为了实现对企业的控制，会精心设计股权结构。因为股权结构决定了公司治理结构的特点，治理结构又影响公司的经营决策，最后影响到的就是公司的绩效。家族企业在设计股权结构时，既要保证家族的控制权，又要最大化外部融资，还要有灵活的操作空间。东南亚地区、中国香港、中国大陆的家族企业大多喜欢采用这三种股权结构：金字塔控股结构、交叉持股结构、双层股股权。

1. 金字塔控股结构

现在假设一种情况，一个家族企业有 1000 万元，想要控制甲和乙两家公司，获得甲公司 50%的股权，乙公司 10%的股权，甲公司估值 1000 万元，乙公司估值 5000 万元。这个家族企业需要花 500 万元购买甲公司 50%的股票，剩下 500 万元购买乙公司 10%的股票。可不可以有更好的控股方式，花同样的钱，获得最大的控制权？

金字塔控股就可以了。这个家族企业可以先控制甲公司，然后由甲公司再去控制乙公司，最后获得甲公司50%的股权，乙公司20%的股权。为什么可以多控制乙公司10%的股权？秘诀就在金字塔式控股上，家族企业处在金字塔的顶层，甲公司处在第一层，乙公司是挂在甲公司下面的。甲公司50%的股权是由该家族企业控制的，另外50%是外部参股进来的。外部参股的500万元和该家族企业投资的500万元联合起来，就可以控制下属的乙公司20%的股权，这20%中只有10%的资金出自你的手，另外10%的资金来源于外部股东。所以中间层级的公司起到的作用，就是可以引进外部参股的股东，让金字塔顶端的家族企业可以用同样的资金，更大限度地控制金字塔下层的公司。

这种家族企业控制第一层级的公司，然后由第一层级的公司去控制第二层级的公司，然后再由第二层级的公司去控制第三层级的公司的做法，在很多国家和地区的家族企业中都存在。尤其是在新兴市场或者东南亚国家，更喜欢采用这种结构，如中国大陆的复兴集团、中国香港的新世界集团、韩国的三星电子等。这些家族企业的金字塔控股结构非常复杂，有的多达5~7层，但是终极控制者都是家族或者创始人。

家族企业采用金字塔控股结构的最大好处就是控制权与现金流权的分离，并具有独特的融资优势。控制权与现金流权的分离程度越大，家族企业就可用越少的资金去控制其他公司，将多余资金用于多元化发展。同时最大限度的释放股份，获得外部资金的注入，迅速扩大企业规模。

还有一个好处就是家族企业作为终极控股人，可以在被控制企业之间形成内部资本市场，在企业之间进行资源转移。

2. 交叉持股结构

交叉持股的意思就是相互持股或相互参股。交叉持股简单来说，就是甲公司持有乙公司的股份，而乙公司同样也持有甲公司的股份。复杂一点的交叉持股是三个及三个以上的公司间互相出资，形成三角形或环形的交叉持股关系。

交叉持股最早出现在日本的三菱集团。1952 年该公司面临恶意收购，不得不调整集团内部的股权结构，下属子公司开始交叉持股。在当时，日本企业的竞争力普遍不如欧美企业，为了抵挡被收购的命运，“交叉持股”成为大部分企业的唯一选择。目前，三菱公司的交叉持股结构涉及的子公司数量非常庞大，大家所熟知的是三菱商事、麒麟啤酒、三菱电机、三菱汽车、尼康等。交叉持股可以说是日本企业独特的一种股权结构和控制方式。目前，在中国台湾、香港、大陆等很多家族企业中，交叉持股也很普遍。

中国大陆家族企业甲和公司乙之间交叉持股。甲持有乙 70%的股份，同时乙又反过来持有甲公司 40%的股份。70%和 40%的交叉持股比例很高。这种高比例的交叉持股，目的就是互相控制对方的企业，稳定对方的股权结构，减少外部投资引发的企业股权结构的波动。如果家族企业只是想通过交叉持股共享对方企业的某些资源，可以减少持股比例。

交叉持股是家族企业保持所有权结构稳定的一种特殊方式。交叉持股可以保证企业经营的稳定性，有利于企业做长线投资。交叉持股让家族企业和下属公司或者其他公司形成一个策略联盟。在这个联盟内部，大家相互合作，弹性调度、筹措资金，也可以抱团取暖，分担风险，增强了家族企业应对危机的能力。这些优势对于处于成长期的家族企业来说，有巨大的帮助，能迅速提高企业的经营效率，适应激烈的市场竞争环境。

但是，交叉持股使用不当，就会损害家族企业和外部股东的利益。因为交叉持股可能会架空企业的治理结构，联盟内部搞非法的利益输送的机会增多。当家族企业进入成熟期或衰退期后，交叉持股就大大降低了企业的资本使用效率，甚至成为滋生腐败的重要原因。家族企业运用交叉持股一定要小心谨慎，注意把握时机。

3．双层股股权

在上市的家族企业中，家族创始股东和其他股东一样，享有一股一票的投票权，按股权比例取得分红权。但是企业需要大量股权融资，家族对企业的控制权就会一步步削弱。如果采用双层股权结构，这个问题就能解决。双重股权结构下，企业的股票通常被划分为高、低两种投票权，高投票权的股票拥有更多的决策权。家族企业创始人和管理层可以获得更多的投票权，便于把企业控制在自己手中。

双层股权结构起源于美国，1898 年 InternAtion Al Silver 公司首次被允许发行无投票权股票。在美国约有 7%的公司采用了双层股权结构。除美国外，加拿大、新加坡、日本、瑞典的法律也允许双层股权结构的存在。通用汽车、Facebook、谷歌、百度、阿里巴巴、京东等都采用了双层股股权结构。

Facebook 在招股书中把公司的普通股分为甲系列普通股和乙系列普通股。一个乙系列普通股有 10 个投票权，而一个甲系列普通股只有一个投票权。扎克伯格等其他高管通过持有乙系列普通股，尽可能在公司重大决策中获得控制权。2015 年京东上市后，公司创始人刘强东规定 B 类普通股有 20 个投票权，并把自己持有的 5.65 亿股转为 B 类普通股，这样刘强东就有 84%的投票权。公司其他新旧投资人持有的都是 A 类普通股，每股只有 1 份投票权。

双层股权结构保证公司创始股东获得控制权，有利于公司的经营活动的连续性。创始股东和管理层可以致力于公司的长远发展。决策权集中在少数股东手中，激励股东之间合作，有效地监督管理层，提高管理层的经营绩效。

目前，中国大陆是不认可双层股权结构的，家族企业必须到美国等其他国家发行股票。

股权设计可以帮助家族企业实现控制和发展两大目标。上面的三种股权结构各有利弊，家族企业要根据家族的情况和企业发展所处的阶段，选择适合自己的股权结构。但是无论选择哪种股权结构，都要注意控制权和经营权要分离。否则的话，家族企业难以持续发展。

下　篇

永不熄灭的灯塔：家风业规

第七章

思利及人：李锦记涅槃的一把火

孔尚任所作的《桃花扇》中有句唱词：“眼看他起朱楼，眼看他宴宾客，眼看他楼塌了。”短短一句话让人产生兴亡更替的历史沧桑感。在中国，尤其是20世纪的中国，“起朱楼、宴宾客、楼塌了”的企业比比皆是，但是李锦记作为一个拥有纯正中国血统的民族品牌，这栋高楼在市场的风云变幻中屹立不倒，却是十分少见的。

李锦记如今已经传承四代，不仅打破了“富不过三代”的魔咒，而且创立了一套行之有效的企业管理制度，并建立了兼具科学性和人情味的家族组织形式，这在世界范围内也是难能可贵的。是什么保证了李锦记不像大多数家族企业一样“二世而亡”，反而走过了百年沧桑呢？

一、李锦记的“冰与火之歌”

李锦记这棵大树，用了一百多年，长成了如今的参天模样。这一百多年，既有雨露滋润，又有火烧雷劈，中途差点夭折，但幸运的是，李锦记愈合身上的伤疤，在外部风雨和内部挑战下，老而弥坚。就连柳传志都曾说：“如果要做百年老店，中国民营企业家最好去学习李锦记。”

1. 星星之火：奠定百年基业

1887 年，已经无力回天的洋务运动仍被清政府当成救命稻草攥在手心，此时年方18、自幼习武的李锦裳刚刚应考从军，并且名列前茅。此时的他怀揣着青年常见的热血壮志。

只有一副强健体魄却无甚特长的李锦裳换了很多工作养活自己，打柴、搬运、耕地、捕鱼、养蚝……这或许是李锦裳最为落魄的时候。但也正应了《道德经》中古老的智慧：祸兮，福之所伏。此时满心沮丧的李锦裳并不知道，他人生中的第一桶金正隐藏在挣扎活命的工作中，在终年被海风吹拂的南水镇等待着他。

在李锦裳来到南水镇的第二年，他与母亲开了间小茶寮，蒸包卖粥，相依为命。母亲去世后，李锦裳一个人忙不过来，索性停了茶寮，把原来蒸包子的大锅用来熬制蚝豉出售。但有一次，李锦裳捞了蚝去晾干，却忘了熄灭炉子里的火，回来时却发现蚝汁被熬干，锅底只剩下一层蚝油。他蘸着尝尝，蚝油鲜美异常，李锦裳此时只是单纯而模糊地觉地自己可能找到了一条养家糊口的道路，但是他万万没有想到，灶膛里多的这把火，造就了李锦记后来的商业帝国。

这把火虽然没有诸葛亮人生中的三把火名气大，但影响却深远多了——人的味蕾从此多了一种体验。就像一个简单的马镫生生改变了骑兵作战史一样，这把火背后隐藏着发明和发现的力量，所以蚝油的发现能兴盛一个商业帝国似乎也是理所当然的了。

1888 年，李锦裳请人写了“李锦记”三个字挂在小店门口，这次挂牌仪式虽然简陋，但是意义却丝毫不亚于纳斯达克的敲钟仪式。同年，爱尔兰的兽医邓禄普发明了第一只充气轮胎，“Coca Cola”成为注册商标，英格兰足球协会创立了英格兰职业足球联赛……

1902 年，一场大火烧掉了李锦记蚝油庄，李锦裳前半生的基业转眼间化作了一缕青烟。李锦裳拖儿带女，跨过海峡，举家迁往澳门。

林语堂在《中国人》中曾对广东人有过一番论述：“复南下而至广东，则人民又别具一种风格，那里种族意识之浓郁，显而易见，其人民饮食不愧为一男子，工作亦不愧为一男子；富事业精神，少挂虑，豪爽好斗，不顾情面，挥金如土，冒险而进取。”

34 岁的李锦裳正是这样的岭南汉子，少年不在，但热血依旧，骨子里的坚韧不拔让他选择了二次创业。

假如说第一次炼制蚝油纯属“误打误撞”，那么这次正年富力强的李锦裳已经开始有意识地进行商业经营。珠海与澳门虽只有数十里之遥，但是战略意义却大不一样。

1920 年，李锦裳的幼子李兆南成为李锦记第二代传人。

1932 年，李兆南和哥哥李兆登联手将李锦记总公司迁到了香港，成为香港第一家食品制造商。此时的香港，已经是名副其实的“东方明珠”，也是中国看世界和世界看中国的窗口。

在接下来风起云涌的几十年间，李锦记以香港为根据地，放眼世界，如同一个身手高明的武者，剑指四方，在世界范围确定了蚝油第一品牌的身份。

2. 借东风：让李锦记飞

雷军曾说：“站在风口上，猪都能飞起来。”这句话被人总结为“飞猪理论”。在李锦记发展的百年间，也有很多机遇。李锦记赶上并且紧紧抓住了“淘金热”和中美建交引起的“熊猫热”，成了“风口上的那只猪”，李锦记从此扶摇直上。

19 世纪四五十年代，美国和澳大利亚相继发现金矿，开启了此后一百多年的淘金热潮。地广人稀的两个国家缺少劳动力，就把目光放到了贫弱不堪却人口众多的中国，大量中国人被外国人编织的黄金神话晃花了眼，签下了“卖身契约”，成为国人口中的“淘金客”、外国人口中的“猪仔”。

这些背井离乡淘金客的悲惨遭遇不再叙述，但是大量的人口输出造成了中国商品的供不应求。试想“独在异乡为异客”的淘金工人，从中国这个拥有独特饮食文化和习惯的国家走出去，面对艰苦的环境和繁重的工作，还有什么会比那一口家乡味更能熨帖心中的相思苦呢？

李锦记便借着这股东风，以“李锦记蚝油”美国代销点为平台，打开了北美地区的华人市场。李锦记的整体发展由国外至内地，是“墙里开花墙外香”的典型。为了更好地走出去，李锦记重新设计了商标，公司名称更突出，也更有国际化气息。

20 世纪三四十年代，席卷全球的战火影响了李锦记的发展，但当战争乌云消散后，李锦记迅速复苏，并快速发展，产品畅销中国大陆和港澳地区、东南亚部分国家以及北美地区。

1972 年中美关系出现短暂的暖春，时任美国总统的尼克松应中国国务院总理周恩来的邀请访华，中国将两只熊猫做为国礼赠送给美国，两只可爱的小家伙引起美国人民的热烈追捧。李文达受此启发，趁着尼克松访华引起的中国热，推出相对廉价的“熊猫牌”蚝油，进军北美当地人的餐馆——这与他的父亲李兆南用过的招数几乎如出一辙。李兆南借“淘金热”让蚝油进入美国华人的厨房，李文达则借“熊猫热”把蚝油端上了美国人的餐桌。

坦白地讲，李文达这一手对形势的把握是相当精妙的——中美两国几十年对抗之后迎来难得的缓和期；做事相当大胆——在美国人没有吃蚝油的习惯并且在前期亏损的情况下，李文达仍大量注入资金，并给供货平台提供大量优惠和多种便利；结果也是相当成功的——带来大量盈利，拓展了海外市场，最重要的是平价销售改变了李锦记的贵族销售路线，颠覆了产品销售思维。

到此时为止，李锦记的发展有如神助，每一步都准确地跟上了时代的脉搏，占尽“天时地利”。但是“月有阴晴圆缺”，李锦记在发展半个多世纪后，还是在“人和”上出现了问题。

3．惊雷落：两次分家

李兆南之子李文达，1945 年因战乱高中辍学，早早开始接触家族生意。在辍学之后，李文达每天踩单车去给高档酒楼送货，李文达后来曾说过：“1945 年，我们一瓶蚝油卖到一块八毛港币，当时普通做工的人，一个月挣十块钱港币，也就是五瓶多蚝油，真的好贵。”从李文达执掌李锦记之后不顾众人反对力推平价产品的策略可以看出，这段骑单车送货的日子对他影响颇深。

1972 年，李文达正式接过李兆南手中的接力棒。他坐上了李锦记的第一把交椅后，便借“熊猫热”推行平价销售策略，把“熊猫牌”蚝油端上了美国人的餐桌，但是这种策略也引起了李锦记极大的动荡。

在李文达刚提出“熊猫牌”蚝油平价销售路线之时，就受到李兆荣、李兆登的强烈反对，而理由则是此时的李锦记几乎是蚝油的代名词，应该继续走高端路线，没有必要开拓中低端市场，属于自堕身价。当然从后来的事件发展看，这样的反对颇有点“为了反对而反对”的味道，而且历史也证明了李文达平价销售战略的必要性和正确性。

双方争执不下，最后分道扬镳。本来李兆荣、李兆登打算把李兆南的股份买下来共同经营，最终结果却是李兆南父子以460万港元收购了李兆荣、李兆登的股份，此中故事已随着当事人在商业舞台的渐渐退出而模糊不清，但是这次因发展战略分歧而引发的股权之争却使李锦记首次出现负资产经营，此时正高速发展的李锦记如同挨了一记闷棍。

在李文达取得绝对优势后，已经无人能阻挡他大刀阔斧的改革。总体来说，他的改革可分成两个大方向：一是制定平价战略，大力开拓中低端市场。二是多元化经营，由单纯的“李锦记”蚝油庄发展成生产各种调味品的综合性大公司。

当然这与李文达的个人经历不无关系。1949年，李文达回到澳门，他在澳门开起六家专做外贸的工厂，囊括化妆品、胶鞋、雨伞、玩具、皮夹等，李文达偏爱多元化的生产策略在这时已初见端倪。就当时的情况而言，创业之初发现的蚝油和1932年发明的虾酱两种产品已经支撑了李锦记两代的发展，而且都是纯手工生产，产量上不去，价格下不来，李锦记迫切需要新的盈利点和一场全方位的改革。

老思想不退位，新改革就无法进行。

在李文达确立领导地位后，虽然收购股份使得李锦记大伤元气，但是在重新整合和确定方向之后，李锦记又如同法拉利上了高速公路，飞速前进。与此同时，震荡之后的人才流失，使得深感身旁无人可用的李文达请来了自己的亲兄弟李文乐助阵，并把公司的股份分出一部分给了李文乐——这是一块很大的蛋糕。但是深信“打虎亲兄弟”的李文达没有想到，他的这次分股已经埋下祸根，在八年之后差点摧毁李锦记这份祖宗基业。

有了兄弟同舟共济，李文达虽然身负巨债，却也有信心力挽狂澜。他引进机械化流水线作业，改变了原来20个人的小作坊手工生产方式。这次改革的意义不仅仅使产量得到巨大提高，更重要的是，机械化生产、流水线作业使工人分工更明确，效率更高，而产品质量也更可控，这为李锦记以后全世界遍地开花，质量却始终如一打下基础。李锦记由一个囿于富人圈的高端品牌渐渐进入大众视野。这也是李锦记真正意义上的起飞。

1980年，李文乐与李文达产生分歧，同时他患上鼻咽癌，其妻子担心股权生变，要求清算股权，高昂的索价导致两兄弟不得不对簿公堂。这场旷日持久的诉讼长达六年，虽然最终疲惫不堪的李文达赢得诉讼，但是支付了8000万港元收购李文乐持有的40%的股权。此时的李锦记因股权纠纷已经关停达半年之久，当时计划兴建的大埔厂房还有几千万元资金没有落实，公司还欠下了数额惊人的债务。

这仿佛也应验了罗斯柴尔德家族谶言一样的家训：只要你们团结一致，你们就所向无敌；你们分手的那天，将是你们失去繁荣的开始。

历史总是惊人的相似，八年弹指一挥间，李文达又回到了开始。

4．雨露均沾：最成功的分裂

在20世纪80年代，李文达最为艰难的时候，李文达的四个儿子李惠民、李惠雄、李惠中、李惠森和女儿李美瑜从国外归来，为李锦记的中兴贡献力量。“上阵父子兵”，此后两代人共同努力，终于渡过难关。李文达源源不断的商业灵感和子女们丰富的学识相得益彰，引进了科学管理手段和尖端科技，实行计算机操控，保证全世界的李锦记有着同样的高品质、同样的好味道。李锦记再次回归到高速发展的道路上来。

李锦记在产品和市场规模上共同扩张，在20世纪80年代延续了多元化战略，产品品类层出不穷，继美国市场后又开拓了日本市场、中国大陆市场和欧洲市场。90年代则推行了相关产业布局，逐步形成以酱料调味为主导，健康保健业、房地产业、餐饮业和运输业为辅的产业格局，它的产业链布局是紧跟时代潮流的。如今，李锦记已经有了200多种酱料，成为亚洲调味品第一品牌和全球第一的蚝油品牌。

李锦记的发展正应了那句：堡垒是从内部攻破的。当内部团结一致的时候，堡垒将坚不可摧。而李锦记正好一百年的历史也说明：凡不能把我杀死的，必将使我强大！

目前，李文达的四个儿子在李锦记分工明确，各司其职：长子李惠民是酱料集团主席，二子李惠雄是美国公司的主席，三子李慧中是中国公司主席，幼子李惠森是健康产品集团主席。四个儿子职责各异，但酬劳是相同的。通过这样的安排，李文达想灌输给四个儿子的是：他们都是李锦记缺一不可的舵手。

我们可以看到，这次分裂和李文达掌权时的两次分家大有不同，一次是自内而外的寻求发展，一次是意见不合的分道扬镳，二者的动机和出发点失之毫厘，结果就差之千里。就像一棵枝繁叶茂的树，长到一定程度自然而然会寻求向外发展，但是如果被斧子劈成几块，却是无法开枝散叶的。

我用四句话对李锦记的发展做个总结：萌芽期进入、成长期优化、井喷期顺势、调整期平移。

（1）萌芽期进入。如果李锦裳没有发明蚝油并且在萌芽期进入，做蚝油生意，充其量一辈子也就是海边一个名不见经传的小老板，卖个海鲜，讨个媳妇，生俩娃，默默无闻过一辈子。

（2）成长期优化。一个生意一旦被发现，很容易被跟风模仿，很快就有一大批人参与这个生意，竞争就慢慢开始了。李锦裳凭着为人豪爽义气、头脑活络，最重要的是在这个时侯不断改良蚝油的口感，把产品品质升级成 2.0 版本，在市场竞争中才活了下来。所以，掌握核心技术至关重要。

（3）井喷期顺势。一个行业进入成长期过后，在井喷期阶段，市场需求不断被激活，李锦记名气大，味道好，创立时间早，所以很多人认可，但市场占有率并不算高。李锦记顺势实行机械化生产，把产品单价降下来，满足更多的消费者，这个时侯李锦记成为了真正意义上的蚝油霸主。

（4）调整期平移。任何一个产品在市场上都需要迭代创新，李锦记以蚝油为基础，围绕调味品研发了酱油、酱料等多个品种，形成了多匹马拉动李锦记扩张、腾飞的格局。

李锦记这棵大树被四代人浇灌了一百多年，终于实现了“有华人的地方，就有李锦记。”

二、三大法宝镇家族

1972 年和 1980 年的两次分家，都使得李锦记元气大伤，处于风暴中心的李文达的一颗心也被亲人们撕扯得支离破碎，在第二次分家纠纷中，更是两次住院开刀。

此时的李锦记危如积卵，动辄就有倾覆之灾。如同印度神话中的凤凰，三千年一生，三千年一灭，在临死之际，凤凰会搜集香木，垒成巢穴，点燃之后，沐浴火中，失败者湮灭成灰，成功者则获得不死之身——成为火凤凰。而对李锦记来说，在家族的固有基因中，思利及人就是凤凰涅槃的那把火。

思利及人的思想中崇尚换位思考，这种换位思考的结果，就是设立家族机构，确定家族律法，将许多潜在的规则明晰化，并形成了包含家风家规、家族委员会、家族宪法的一套机制。这是“李锦记”涅槃之后的理论硕果，这套机制也在李锦记以后的发展中，多次使那些潜藏在平静水面下的暗涌消弭于无形。

1．家族发展的永动机：家风家训

法律是外界强制加诸吾身的一种行为规范，而道德则是自人诞生之日起受外部环境影响最后形成于吾心的一种内在枷锁。但是可惜的是法律虽强力却管辖范围有限，道德无时不在却不够强力。而道德和法律的结合物——家风家训，兼具两者优点，又颇有针对性，对于家族发展来说，是一种用之不竭的精神动力来源。

（1）思利及人

李文达曾说：“我读书读得不够，但我不后悔，因为当时环境不允许，不一定读很多书就有用，有的读到博士也不懂做生意，最重要的还是做人。”或许在他看来，做人就是做生意，人做好了，生意也就好了。

李氏家族最重要的一条家风家训就是思利及人。这四个字出自于唐代书法家颜真卿的《争座位帖》，原句是：修身岂为名传世，做事惟思利及人。台湾刘太希老先生将书有原句的楹联赠送给李文达，李文达撷取最后四个字写下来并挂在办公室，对此他有过自述：

“‘修身岂为名传世’是当年刘太希老先生赠送予我的字画里一句给世人的箴言，它在我的人生中一直扮演着闹钟的角色。财产、名声甚至生命等，都不过是人生长河中的过客，沧海一粟，谁主沉浮？斗转星移，世事更迭，唯有造福社稷的事情能够被人记诵，唯有精神能够经得起岁月的洗礼和时代变化的冲刷，让生命的意义长存。

从历史角度看，这种精神，让李锦记成功地穿越这个激烈动荡的百年，两次跨越家族的分家，克服了无数艰难险阻。

这种精神，也成为李锦记家族的传家宝，成为家族成员的共同信仰。它将家族成员凝聚在一起，成为家族后代前行的导向；在家族传承的过程中，代代相传，不断丰满；成为家族永续、基业长青的基础和保障。”

有一件事最能说明李锦记思利及人的企业文化。在熊猫牌蚝油卖的火热的时候，马来西亚一家蚝油生产工厂仿造熊猫牌商标图案，在马来西亚的 18 个超市销售蚝油，这是典型的冒牌侵权行为。李锦记跟这家工厂在马来西亚打了一场旷日持久的官司，最终法庭判定这家蚝油工厂连同 18 家超市一同向李锦记支付赔偿。法庭宣判的时候，这家蚝油工厂已经倒闭，但是 18 家超市还是需要对李锦记进行赔偿。最终李锦记思利及人，提出一个双方都更容易接受的条件：将这笔赔款当作李锦记产品的市场推广费，让他们开始卖李锦记的产品。将赔款转化为推广费用，消费者得到实惠，经销商得到好处，李锦记也赢得了市场，是一举三得的明智之举。

思利及人要求站在对方的角度为对方着想，这个对方不仅包括家族成员，自然也包括企业员工、合作伙伴、消费者。

“今天你爽了吗？”这句听起来颇为直接爽利，也是李锦记内部员工特有的打招呼用语。非常不同于中国人常说的“吃了吗”那么生活化，也不同于西方人见面就聊天气的客套，它直指员工的内心感受——关注员工个人感受也是李锦记企业管理的一大特色。

现在很多企业都有对员工的人文关怀，但是李锦记却明确建立了“爽指数”和“压力指数”，将“爽”和“压力”这两种看不见、摸不着的东西具体量化，让员工根据自己的感受打分：1 代表很不爽，8 代表比较爽，10 代表很爽。并且在打完分之后，领导层会分析员工不爽的原因是什么，如何解决，提高员工的“爽指数”，加强员工对公司的归属感。同时，员工也可以主动找领导沟通。这样员工就无时无刻不感受到公司的关注与关怀，公司内部也形成了坦诚和谐的工作氛围。

这不仅让人想起《战国策》里的豫让，“君以国士待我，我必国士报之。”“士为知己者死”不仅是战国时代的特殊例子，也是一种普遍的人性。现代企业管理制度大部分都建立在“管”这一层面上，不愿去“知”，也不愿被人“知”。很多企业家仍崇信“帝王学”，身居幕后，不露喜怒，觉得使人“莫测高深”才是一个上位者应有的样子。

但是现代企业中人与人都是平等的关系，只有了解与沟通到位才能产生比较牢固的关系。毕竟管得住的只是行为，却管不住员工的心。而李锦记不仅愿意去了解员工，成为员工的“知己”，还能从员工的困难出发，想员工所想，急员工之急，解决员工后顾之忧，试问这样的公司员工怎会不“愿效死命尔”？

（2）永远创业

李文达曾说过：“守业是守不住的，只能不断创业、创新。”这也造就了“李锦记”的另一核心价值观，总结起来就是“永远创业”。“流水不腐，户枢不蠹。”这是亘古不变的道理，飞速发展的社会，不断变化的环境，没有什么是守得住的，只有适应时代的发展和需要，以“变”应“变’，才是最好的方法。

李锦记的“变”是多层次、全方位的“变”。在机器流水线作业代替人力手工作业之后，李锦记开发出了豉油鸡汁、葡国鸡汁和卤水汁等口味独特的酱汁；在市场趋于饱和的情况下，李锦记不断将既有产品进行细化，比如，针对不同地区口味设计不同酱料，有中国的北方老抽、蒜蓉辣椒酱，有日本豉油、韩国炸酱面酱、马来西亚沙爹酱等，还有针对特定人群设计的低盐豉油；李锦记的营销手段也更加多样，电视剧《上海滩》火遍大江南北，李文达当即找到主题曲演唱者叶丽仪，为她量身打造了李锦记的电视广告歌，运用名人效应推广产品，这在当时是个创举；同时，李文达在电车车头打上广告，这在国内也属首创；20 世纪 80 年代末期，李锦记还在香港开设餐厅“健一小厨”，虽然这是一次不太成功的尝试，但是也对拓宽李锦记酱料在烹调饮食上的辐射面起了作用。

李锦记有两个目标：将中国优秀的饮食文化通过调味品传到全世界，将中国五千年的养生文化通过中草药产品传到全世界。而今第一个目标已经实现，第二个目标李锦记在 1992 年就开始发力。

1987 年 10 月 28 日卫生部颁布《中药保健药品的管理规定》，大大鼓舞了企业投资保健行业的热情，各地纷纷批准药健字号产品的上市销售。中国人讲究“药食同源，预防保健”，这对做蚝油起家的李锦记来说，是一次充满诱惑和挑战的尝试。抱着对中国几千年养生文化的认同和传播中华文化的责任心，还有对企业未来发展的规划，1992 年，李文达和儿子李惠森来到了南方医科大学的前身——中国人民解放军第一军医大学，与时任校长的赵云宏教授仅仅面谈一个小时，就签下了合作意向书，创立品牌“无限极”。

据 2005 年中国 500 最具价值品牌排行榜上显示，无限极品牌价值 80.83 亿元，到 2011 年品牌价值达 195.58 亿元，6 年实现翻一番；到 2014 年，品牌价值增长到 368.89 亿元，短短三年间，无限极的品牌价值增长近一倍。这也是李锦记“永远创业”精神引导下的成功。

2. 家族管理制度化：家族委员会

在 2007 年的一期《对话》栏目中，现场嘉宾被问到他们觉得企业成功的核心理念是什么时，钱文忠说是“敬畏”，金祥荣说是“规则”，茅理翔则说是“产品、企品、人品的三品合一”。这些说法虽然各有不同，但是大体都跟企业有关，可是现场的李文达先生在小黑板上珍而重之地写道：家和万事兴。

这句老生常谈的话作为这个问题的答案出现，多少有些出人意料。但是对于这位老人来说，这不仅是大半辈子商海浮沉的总结，更是有着实实在在的切肤之痛。

在李锦记第二次分家风波过去之后，李文达委托二儿子李惠雄寻找解决家族问题的方案。因为对渐已年迈的李文达来说，手心手背都是肉，四儿一女个个成才，且都在李文达最为艰难时回到父亲身边。此时的李锦记已成长为一个庞然大物，一旦处理不当，李锦记将“家不和万事不兴”。

于是李惠雄花了六年时间先后去了瑞士、英国、美国、日本取经，研究国外家族企业长久传承的原因。在 2003 年，李锦记成立了家族最高决策和权力机构——家族学习和发展委员会，简称家族委员会。

家族委员会每三个月开一次会议，每次会议持续四天。所有家族成员必须参加，迟到就会受到惩罚。会议的第一天，家族成员只是喝喝茶聊聊天，打打球吃吃饭，大概李文达经历了两次至亲之人情感撕扯的疼痛，更能体会到亲情的可贵，所以分外重视。由此也可以看出，家族委员会是一个家族成员互相交流、融洽关系的平台，而不是颁布家长意志的独裁机构。

每个人在不同时间地点、面对不同的人，其实是扮演着不同的社会角色。对于李锦记的家族成员来说，他们既是家族成员、股东、董事，又是管理层。所以就算家族成员在一起吃饭时，也经常在饭桌上讨论公司的经营，这就造成了决策面比较狭隘，也缺乏必要的精力和时间去维护亲情。

家族委员会的建立把家族和企业分离开来，每个人清楚自己什么时候是儿子或女儿，什么时候是公司的决策者。

家族委员会的功能主要是从战略上规划好家族的发展。世界范围内有许多家族企业设置了家族委员会，但是由于缺乏合理的章程和监督管理机制，多数沦为一个空架子。李锦记在建立家族委员会伊始，就制定了很多合乎情理后来又被证明行之有效的规定，并且一直坚持下来——这大概是源于两次分家之后的“痛定思痛”。

李锦记家族委员会有以下几个机构：

（1）家族议会。从属于家族委员会，是全体家族成员（包括配偶）的沟通平台。根据需要不定期举行会议，讨论需要所有成员共同参与的家族内部事务。

（2）学习和发展中心。由第四代成员轮流负责所有家族成员的学习和培训，制定针对成长一代的培养方案，尤其关注家族核心价值观的传播。

（3）“超级妈妈”小组。家族内所有妈妈交流培养后代的经验的渠道。

（4）家族慈善基金。家族承担社会责任的机构，主要负责家族层面的慈善事务。

（5）家族投资中心。负责管理家族在业务之外的其他投资，也支持可行的新创业务。

（6）家族办公室。是家族事务的常设性支持机构。

在家族委员会成立后，家族成员在关于“是否从外部引进更能的人担任 CEO”时产生分歧，李文达曾回忆：几个儿子目标不一致，有的想快，有的想稳健，所以我想从外部引进一个管理者。发展理念不一致这个问题如附骨之疽，第三次盯上李锦记这个飞速奔跑的巨人。

如果像从前一样，众儿女各自为战，历史或将再次重演：拍桌子、起立、争吵、转身走人、分家。但是家族委员会如一剂强力杀虫剂，将“理念分歧”这个附骨之疽扼杀在萌芽之时。李文达的儿女们也只完成了拍桌子、起立、争吵这几个步骤，最终大家都坐下，达成了协议。

有趣的是，此次争吵之后，家族委员会增加了对与会人员态度的规定。会议上可接受的行为包括：“我们”大于“我”，坦诚表达，建设性回馈，畅所欲言、积极争论和对事不对人；不可接受的行为则包括：负面情绪，一言堂，我就是这样，言行不一致和人身攻击。

与时俱进，看来是一切成功的精髓。

3. 画定红线：家族宪法

汉高祖刘邦初进咸阳，“与父老约，法三章耳：杀人者死，伤人及盗抵罪。”几乎所有的封建王朝立国之后首先要创立宪法，而最后败亡也大部分是因为纲纪糜烂而无以为继，这大概就是“善始者实繁，克终者盖寡。”由此可见法律对一个国家的重要意义。

储小平谈到家族企业时说道：“（大部分家族企业中）兄弟或者父子之间没有一些条款，大家都好像是商量着做，或者是模模糊糊的一个看法，那就隐藏了一些障碍。”“国有国法，家有家规”，家族经营管理中的一些模模糊糊正是影响家族成败的关键。李锦记正是看到了这点，于是创立了自己的家族宪法。

具体而言，李锦记家族宪法包括四个方面的关键内容。

（1）股权的继承和转让。家族宪法规定股东必须具有李锦记家族的血缘，但不限男女，股东想要退出，股份由公司统一购回。

（2）家族成员的雇佣。家族欢迎家族成员加入家族企业，但必须在家族外的公司工作3~5年才能进入家族企业，应聘的程序和入职后的考核必须和非家族成员相同，进入企业后工作出错也要受到惩罚。

（3）董事会。董事会成员由家族委员会在对业务有兴趣的家族精英中选择出任，可聘请外部非执行董事，主席由家族成员出任，委员会每两年召开一次会议选定董事会及各个业务的主席，主席可以连任。

（4）角色分工。家族宪法中对家族委员会、董事会与管理层的功能做了细致区分，避免家族对企业的不适当干扰。宪法规定家族委员会主要关注家族价值观的强化，家族宪法的制定，协调家族关系和所有权问题，以及决定董事会的结构；董事会的主要职责是挑选企业高管，监督企业业绩，处理企业与社会的关系；管理层则负责企业战略的制定与实行，企业的日常运营，员工的考核与聘用，以及确定企业文化与员工准则。

为了确保家族宪法的严肃性和稳定性，对于家族宪法的修改也有着极其严格的流程，并且需要75%的委员会成员同意。当然也因为可以修改，家族宪法也具有了动态性与权变性。

除了付诸文字的家族宪法，还有一些类似于口头约定的东西，如：“我们”大于“我”，“家族”大于“家庭”，还有被钱文忠认为是“想得好，做不到”的三个规定：不要晚结婚、不准离婚、不准有婚外情。尤其后两个，是不可触碰的红线，违反者需自动退出董事会。

这是因为李文达见过太多的祸起萧墙，而其中又太多与配偶有关，所以他觉得制定这条规则很有必要，而这也得到了家族成员的理解和支持。“不要晚结婚”也是因为李文达认为“结婚之后更稳定，男人也更有责任心。”李惠雄 23 岁结婚，李惠森 24 岁结婚，家族成员们用行动践行着家族宪法。

这些详细到甚至有点琐碎的规定在很多方面明确规定了家族成员的行为，在制度层面有意识的引导家族成员团结一致、戮力一心，为家族的永续和企业的发展共同努力。

明确家风、确定家族宪法、设立家族委员会等一系列举措都与李文达有着紧密的联系，甚至毫不客气地说，是李文达一手促成了这些机制。可能这些机制还有值得商榷的地方，但是法律再不健全也总比没有强，大家在一个约定范围内有商有量，非常清楚自己的所作所为会带来什么样的后果，而不是每个人为了自己的利益攀拉撕咬，让亲人间的一点点温情都荡然无存。

很庆幸李锦记有个李文达，也很庆幸李锦记像被砍了两刀的枣树一样，疤越深，枣越甜。可是不是每棵树被砍了两刀还能结出甜美的果子，对于天下不知凡几的家族企业来说，也不是每一家企业都能从血与火中爬出来，再塑辉煌。所以建立这些预防创伤的机制不单是未雨绸缪的远见之士所为，对一些企业来说，更是当务之急。

第八章

丰田训诫：鞭子、绳子、决明子

李克强总理在2015年提出了“大众创业，万众创新”，一时间人们纷纷下海，欲在商海浪潮中一展身手。但是治企业如治天下，人事、财务、采购、销售等细细说来，每一个环节都能说上三天三夜——而且还说不完，其中盘根错节、藕断丝连处，经年老手也得慎之又慎，思虑稍有欠缺就造成家败业亡的结局，所以很多人感叹企业难做，做出分公司并且成功运营的企业更是少之又少。

运营企业就像是控制一匹奔马在陡峭的山间小路上疾驰，马儿不动时要用鞭子抽打；马儿跑起来时要用缰绳控制左行右行，以及加速减速；而最重要的是驭手必须有一双明亮的眼睛，避开滚落的山石，跳过横道的枯枝。

日本的丰田汽车有限公司依靠几大核心理念，在全球主要国家建立了自己的分公司，发展如雨后春笋般迅速，也如“复制粘贴”般近乎奇迹。丰田训诫既是每位跨上“丰田”这匹烈马的驭手手中的鞭子，又是绳子，还是清肝明目的决明子。

一、从邯郸学步到丰田之道

现在大街上跑着的丰田车品种繁多，类型齐全。关于丰田公司，我们的第一印象似乎一开始它就是一个庞然大物。但是丰田汽车作为日本的民族品牌，成长的并不如我们想象中一帆风顺，相反，还充满坎坷。而其发家更是有一点出人意料——全自动织布机为丰田汽车的成立奠定了基础。

1. 织布机里的创新因子

丰田佐吉是丰田汽车的创办人，丰田佐吉出生于1867年，明治维新在丰田佐吉出生后的第二年就开始了，等丰田佐吉成年时，明治维新进入中期，正进行得如火如荼。

丰田佐吉赶上了最好的时代。

那时日本还普遍在使用中国纺织之祖——黄道婆发明的木制手工机织布，这还是宋末元初的技艺。这种原始的织布机丑陋又笨重，效率低下。

所以丰田佐吉萌生了改良织布机的想法，并付诸行动：

1890 年	丰田佐吉发明木制人力织布机，效率提高一倍以上
1894 年	丰田佐吉发明自动回线机，简省织布流程
1896 年	丰田佐吉发明机械动力织布机，使用蒸汽做动力
1906 年	丰田佐吉发明环状织布机，自动检查断了的经线或纬线，降低次品率
1926 年	丰田佐吉发明自动织布机，初步具备了人工智能

1926 年 11 月，成立了丰田自动织机株式会社。丰田佐吉在 63 年的人生中，获得 84 项日本专利，35 项使用方案，在国际上获得 9 个国家的专利，被人称为“织机大王”。

1929 年，丰田佐吉的儿子丰田喜一郎将自动织布机的技术以 100 万日元的价格卖给了普拉特兄弟，他们是英国当时最大的纺织设备制造商。这笔钱是丰田汽车公司得以建立的重要资金支持。

1930 年，63 岁的丰田佐吉过世。他给丰田喜一郎留下了创造汽车公司的 100 万日元，但是这还不是最重要的，最重要的是他一生追逐创新的精神，在人的想象力之内，他把织布机做到了极致。

这种永远寻找更好的创意、永远相信下一个会更好的精神铸就在他一手培养的儿子体内，并蔓延至汽车工业。他留下遗嘱：这 100 万日元专款专用，只能用于汽车制造。

付出与奉献，是日本人精神里固有的一种东西，甚至强烈得有点“变态”。这位生于长于静冈县湖西市的老人，曾给喜一郎深情地寄语：

我从小就立志做发明家，最初的目的是为了减轻母亲织布的辛劳，随着自己的成长，开始主要考虑如何为社会做出贡献。文明开化是国家的一大国策，尤其是为日本的现代工业的振兴出力是我这一生一直在考虑的，丰田的事业将来如何我不知道，但你们绝不能忘记要用日本人的头脑和手制造出世界一流的东西，这种精神是绝对不能忘记的。我为我们的国家发明了自动织布机，你应该为我们的国家制造汽车。

丰田佐吉跟织布机打了一辈子交道，老年为什么那么热衷于汽车制造呢？

1923年，关东大地震，东京的铁道和电车等运输系统瘫痪了，日本政府从美国买了800台福特T型卡车，改为公共汽车以解燃眉之急。这也在客观上成为美国车进入日本的契机，日本人感受到了汽车的便利，并引发了日本汽车需求的快速增长。1925年，福特投资400万日元组建日本福特公司，并在横滨建立工厂，年产7000~8000台卡车。通用汽车不甘人后，1926年投资800万日元，在大阪设立年产1万台的组装工厂。

外国车肆无忌惮地在日本的土地上横行，也在碾压着日本人强烈的自尊。丰田佐吉从事了大半辈子的工业制造，以一个商人的敏锐，他隐约意识到这会是工业的未来。

假如说丰田佐吉在织布机上几十年如一日的不懈努力使一个行业迈出了伟大的一步，那么从纺织机到发动机的跨越，更是一个壮举。这份创新因子被丰田佐吉注入他认为未来的朝阳产业——汽车工业中去。

2. 屠刀的庇护与威凛

模仿比创新的难度小，投入少。中国如此，日本也是如此，放眼世界，皆是如此。

著名品牌营销专家李光斗先生把模仿分为了几个阶段：照猫画虎，貌似神不似；照猫画猫，非猫但似猫；照猫画熊猫，青出于蓝胜于蓝。这也算是仿造必经的几个阶段。

日本一开始就是简单粗暴地买买买、拆拆拆。拆什么？发动机。汽车制造被称为“工业中的工业”，发动机是汽车的心脏，其意义和难度可想而知。

教育要从娃娃抓起，仿造要从发动机抓起。

1933年，丰田喜一郎成立汽车部，汽车部的基地就是一间简陋的仓库，当年4月购回来一台美国“雪弗莱”汽车发动机，这台发动机在接下来的5个月里饱受蹂躏，被拆了装、装了拆，进行研究分析。东京帝国大学毕业的丰田喜一郎与工人们一起满手油污地奋战在第一线，试制发动机成功算是拉开了汽车生产的序幕。

1934年，丰田喜一郎托人从国外购回一辆德国产的DKW前轮驱动汽车，经过两年的研究，1935年8月造出了第一辆丰田GI牌汽车。1936年，丰田AA型汽车问世，到这时，丰田才算真正的两只脚迈进了汽车市场。

但福特与通用早已进入日本市场，面对这两个壮汉，丰田汽车要技术没技术，要市场没市场，孱弱的小身板只能在夹缝中求生存，但是国家机器开动之后，出台了一系列保护本土工业的法律，这些带有强烈排他性的法律，为外国工业竖起藩篱，为本土工业穿上盔甲。

1918年	日本政府制定了《军用汽车补助法》，国家对政府指定、年产100台以上的企业给予补贴，对其产品购买者给予购买保养补助金
1929年	政府出面组织“国产振兴委员会”，旨在扶持国货
1931年	成立“汽车工业确立调查委员会”，对1.5~2吨中型卡车和公共汽车的生产企业予以资助，并提高汽车及相关产品的进口关税
1932年	日本企业结成“国产汽车组和”的垄断组织
1936年	国家相继颁布《汽车制造事业法》《外汇管理法》《临时资金调整法》《进出口临时措施法》《国家总动员法》

在日本政府的组合拳下，福特和通用公司很快被打趴下，并于1939年底彻底退出日本市场。

1937年，汽车部宣告从丰田自动织机制造所独立出来，以1200万日元资本金成立丰田汽车工业公司。但是丰田汽车可谓“生不逢时”，战争的阴影已经笼罩了太平洋。值得一提的是，根据《战争法》，“一个家庭里只有年纪最大者才能充任家长。”所以丰田喜一郎的妹夫利三郎被推上汽车公司领导人的位置，而不是丰田喜一郎本人。

1941年1月，利三郎因病退休，丰田喜一郎正式出任社长，这也宣告丰田家族全力以赴投入到汽车事业中。但一切并非那么顺利，喜一郎此时陷入了“骆驼祥子”般的奋斗，旧社会的种种黑暗吞噬掉了祥子身上的健康积极，他的挣扎最终都无力地陷入沼泽——一心想制造出“日本国产车”的喜一郎受困于战争环境和国家政策，有志难伸。此时，日本已经全面进入了战争模式，战争机器一旦开动，一个国家的重心将无可避免向此倾斜，甚至全盘为此服务，丰田汽车自然不会例外。

战争开始后，一切活动都要归于国家的监管之下，生产经营活动受到巨大影响，别说汽车研发，正常的上工都很难做到。1941 年 12 月，太平洋战争爆发，美国参战，此时丰田喜一郎成为社长不足一年。1943 年，日本议会通过了军火企业法，要求丰田为国家生产武器弹药。丰田喜一郎“制造国际一流的汽车”的梦想濒临破碎。

3. 战争的红利

第二次世界大战中，丰田汽车因政府管制濒临死亡。战争结束后，日本把精力放到经济建设上。政府给了企业自由，此时丰田内部执行副社长赤井久义的突然去世却给丰田带来了一系列沉重打击。赤井久义擅长管理，这与擅长研究的喜一郎颇有点“珠联璧合”的味道。赤井久义因车祸去世后，丰田喜一郎找到自己的同学、东京大学的副教授隈部和男来接替赤井久义。

但是两个同样做研究发明的人在一起，所产生的化学反应却不尽如人意。

隈部和男担任管理岗位之后，公司财政状况日趋恶劣。1949 年，丰田汽车的销售额高达 40 亿日元，但是总资本只有 2.1 亿日元，贷款却高达 10 亿日元，公司每月需要支付大量利息，如同被按时放血的猪，怎么可能长得肥壮起来？事实上，丰田汽车这时候连红利都已无力分发。

因为丰田汽车成立时向各大银行联合的金融机构求得了贷款，在公司财政不佳的情况下，银行有权委派一个社长管理丰田，但是外来者必然会不顾丰田训诫，大量裁员的。于是丰田喜一郎选择了辞职，由石田退三担任社长，石田退三曾经对丰田喜一郎进军汽车界提出强烈反对意见，但是如今已顾不得以往些许龃龉了。

怎么形容石田退三这个人呢？我觉得最合适的词是“福将”。

1950 年 7 月 31 日前后，石田退三刚坐上丰田汽车社长的位置，人们正在同情这个六十岁开外的老家伙还要来拯救这么一家行将就木的公司时，丰田就收到来自美国军部的一张大订单，这个订单上包括 1000 辆重型卡车，而且未来还会有更多订单，这是一个令所有丰田人欢欣鼓舞的消息。

朝鲜战争爆发了。

4.“日本的每一户人家都应该拥有一辆小汽车”

法国媒体大亨巴拉昂 1998 年留下遗嘱，用 100 万法郎作为奖金，奖给猜对自己成功秘诀的人，也就是穷人为什么穷？

法国《科西嘉人报》刊登了他的遗嘱，寻找能揭开贫困之谜的人。有人说缺钱，有人说缺个好脸蛋，有人说缺好运气。在四万多封来信中，有一位叫蒂勒的九岁小姑娘猜对了巴拉昂的秘诀。蒂勒说：“每次，我姐姐把她 11 岁的男朋友带回家时，总是警告我说不要有野心！不要有野心！我想也许野心可以让人得到自己想得到的东西。”

野心是永恒的特效药，是所有奇迹的萌发点。你都不敢想，凭什么能要？

丰田汽车是一家颇有野心的企业，这份野心在创立之初就存在于丰田汽车每一个工人身上、每一条生产线上、每一个汽车零件上。

“但是不管未来丰田会遇到什么样的事情，我们都不应该放弃研发汽车。我坚信，总会有那么一天，日本的每一户人家都将拥有一辆小汽车。”这是丰田喜一郎在丰田面临管理危机、濒临破产时说的话。

（1）橘生淮北则为枳？

1957 年，丰田小心翼翼地迈出了第一步：进军美国市场。但是实验却是极不成功的，就像一只丑小鸭迈进了天鹅的圈子，别人的光芒和自身的卑小一下子被鲜明对比得无以复加。

丰田第一年的销售量为288辆，这是一个尴尬的数字。不仅仅是因为品牌知名度不高，丰田车自身也存在着诸多问题：块状外形太过死板，不符合审美；车灯太暗，暗到不符合标准；车内装饰粗糙无比；丰田车定价2300美元，它的竞争对手“甲壳虫”定价为1600美元。

而且还有一个最大的问题，丰田车的发动机动力跟不上，在美国的高速公路上，一旦加速运转，便会出现高温过热、自动熄火等情况。丰田汽车进军全球的第一步就踢到了一块铁板。

但是丰田并没有气馁，反应过来的丰田终于开始重视客户的需求，改变“生产什么，就销售什么”的传统思想，开始从客户需求出发，做了大量调研，主要分两块：①美国代理商以及顾客真正需要的是什么。②从模仿入手，研究外国汽车制造商在美国的战略举措和业务活动，从而建立起自己的销售和服务战略。

这种“耻为人后”和“时刻改善”的思想让丰田车进入了美国千家万户。

不久，丰田便有了调查结果和应对措施：

1）丰田认识到美国人对汽车的观念已经由地位象征变成了普通的交通工具，而且美国地广人稀，大部分家庭有拥有两辆车的意愿，美国车普遍性能比较好，但是价格却比较高。所以丰田初步制定了低价中配战略。

丰田开发的新型汽车——“皇冠”系列，定价在2000美元以下，比美国车和德国车都要便宜，而且让出更多的利润给经销商。

2）日本人身材较矮小，美国人身材高大，原来的空间格局不适合手长腿长的美国人，所以丰田认识到要想进入美国市场，车内空间一定要充足，以给人更多的舒适感。事实上，美国人曾戏称丰田车为“鸽子笼”。

3）“兵马未动粮草先行”。1965年，丰田在美国建立了384家销售服务一体化的零售店，着力于解决一系列售后服务问题，这既显示了丰田进入美国市场的决心，也显示了丰田的长远眼光。

1980年，丰田汽车在美国的销售量已达到58000辆，占美国进口汽车总额的 25%。

（2）*石油危机：既是危险，也是机遇*

托马斯·弗里德曼先生在他的著作《世界是平的：二十一世纪简史》中讲述了一个深刻却又令人激动的全球化趋势；美国气象学家洛伦兹有过更为形象地表述："亚马逊雨林的一只蝴蝶翅膀偶尔震动，也许两周后就会引起美国德克萨斯州的一场龙卷风。"这就是著名的蝴蝶效应。那如何看待全球化中的蝴蝶效应呢？

纵观丰田发展史，每一次石油涨价都是丰田发展的一次契机。因为汽车越来越成为人们生活中不可或缺的交通工具，油价相对于汽车本身价格还是占比较低，所以人们的购买欲望基本不会随着油价的涨落发生明显的改变，但是会在选择什么车型上做出考虑。

美国因为地广人稀、资源丰富、油价便宜，并且美国人性格中自带的疏狂豁达，在石油危机之前，人们更倾向于选择车长超 5 米，轴距超 3 米，搭载 V8 发动机的全尺寸轿车。但是石油危机后，一切都不一样了，毕竟突涨了几倍的油价不是每一个人都能接受的，为了那一点疏阔损失实实在在的金钱是不值得的，于是很多人把目光投向小排量汽车。

小型车，正是丰田的专长。

日本是一个地域狭窄、人口稠密的国家，而且能源稀缺，所以造就了独特的发展方式，一直在努力践行"物尽其用"的精神，榨干每一份价值，说白了就是"抠"。石油危机时，其他公司还没有从"大手大脚"到"勒紧裤腰带过日子"的境况中适应过来，一向"死抠"的丰田不仅如鱼得水，而且还"抠"出了门道。

我们来看一个时间表：

1957 年	丰田汽车美国销售公司成立
1958 年	丰田公司第一家海外分工厂——巴西丰田工业公司开始运营
20 世纪 70 年代	第一次石油危机开始，日本开始在海外组装汽车，而不是从日本出口整车。此时出口的国家有委内瑞拉、巴西、泰国、越南、菲律宾等

20 世纪 80 年代	丰田汽车全球化进入第二阶段，开始大规模地在其他国家建立制造厂
1984 年	丰田在美国与通用合资建立联合汽车制造厂，日本生产系统（TPS）开始在国外试用
1988 年	丰田在加拿大的生产厂开始制造花冠、佳美等系列车型
1989 年	丰田的豪华车型丰田凌志投放市场，此车型刷新了豪华轿车的多项世界纪录
20 世纪 90 年代	丰田开始了第三次全球化发展，日元升值导致出口不利，丰田汽车把更多的工厂移植到海外，为专门的市场生产专门的汽车，并为本地的产品制定专门的策略
1992 年	丰田汽车公司英国公司（TMUK）建成投产
1994 年	在土耳其建立工厂
1997 年	在泰国和阿根廷建立分公司
1998 年	在巴西和印第安纳的工厂开始生产
1998 年	中国四川丰田汽车有限公司成立
2000 年	中国天津丰田汽车有限公司成立（现为天津一汽丰田汽车有限公司）
2001 年	位于法国的独资工厂 TMMF 投产
2004 年	中国广州丰田汽车有限公司成立
2010 年	丰田汽车研发中心（中国）有限公司（简称 TMEC）成立

丰田喜一郎在丰田汽车最困难的时候提出“日本的每一户人家都应该有一辆小汽车”，当时人们只觉得他是痴人说梦，现如今丰田已经如它的标志所蕴藉的内涵一样，开进了千家万户，开遍了世界上各个角落，这是一个壮举，一个工业界的“丑小鸭”的故事。

在研究丰田案例的过程中，我们发现一个问题，丰田除了早期因为战乱等原因两次濒临死亡外，在之后的发展中再没有什么关乎生死存亡的大灾大难了——2009 年的“召回门”还算不上“生死存亡”。尤其在后来的全球化发展中，顺利得让人难以置信，这又是什么原因呢？

二、无形之刃，最为致命

石油大亨洛克菲勒有一句名言：如果把我剥个精光，一文不剩地丢在沙漠里，只要有一行驼队经过，我就可以重建整个王朝。这句颇为志满意得的话显然过分夸大了个人的作用，而忽视了环境和机遇的重要性，但不可否认，它确实有一定道理。那么企业在与外部和内部环境的对抗中，最重要的因素是什么？是体量？如果纯粹是体量，就不会有诺基亚王朝的崩塌。是技术？如果纯粹是技术，就不会那么多技术空白的小企业最后一步步成长为龙头老大。

语言学家乔姆斯基提出“内在语言系统”的概念，这个概念非常有趣。他认为，人自出生起身体内就有一种内在的语言系统，通过这种原生的系统再加上后天的适当模仿练习，就可以学会世界上任何一种语言。这颇有点独孤九剑“万法归一”的意味。企业也是如此，企业的“内在系统”就是支撑企业在任何复杂环境和严峻挑战下，能从容面对的一套流动的、因地制宜的、因时制宜的系统。必须注意的是，这是一套系统，而不归结于某一个人的身上。

韩非子很早就提出过“明主之国，无书简之文，以法为教；无先王之语，以吏为师”的法治思想，但因为君王被排除在法治之外，所以法治思想并不彻底。“人治”，可能导致人亡政息，而“法治”，只要法律这套系统不崩塌，那传至百年千年也有可能。

丰田就是用这套无形的机制来管理企业，最具代表性的是丰田训诫，以及由丰田训诫衍生出来的丰田生产系统。

1. 丰田训诫：骑手的驭兽口诀

丰田汽车最具特色的管理方式是丰田生产系统，而其根源就是大家耳熟能详的丰田训诫，该训诫是由丰田喜一郎在1935年10月30日，也就是丰田佐吉先生逝世六周年时手书而成。核心要义有五点：

1）齐心协力，无论职位大小，精诚团结完成赋予自己的使命，为国家的发展和福利做出应有的奉献。

2）通过永无止境的创新、孜孜以求的探索精神和对完善的不断追求，时刻站在时代的前沿。

3）脚踏实地，避免轻浮。

4）要时刻友善待人，为人大方，竭尽全力创造一个和睦的、如家一般温暖的环境。

5）要懂得尊重他人，无论大事小事，思想和行为都要满含感激之情。

丰田训诫可以更通俗地表达为：

（1）要做出贡献

这句话是丰田佐吉一生的写照，这位值得敬佩的发明家几乎凭借一己之力把日本的纺织业从封建时代拉到了资本主义大生产时代，而且正如他对儿子的殷切期望：我为国家发明了全自动织布机，你应该为国家发明汽车。

“爱国与奉献国家”是丰田汽车发展始终不变的一条主线，在丰田汽车20世纪70年代刚刚搭上石油危机的快车前行时，丰田开始面临大众“钱赚得太多了”的指责。时任社长丰田英二正面回应：“丰田公司的目标并不只是赚钱。我们一直在考虑应该怎么做才能为我们国家的工业注入更多的活力。对于丰田来说，我们经常提到的回报社会其实指的就是我们应该获取恰当的利润然后缴纳税款为国家创造利益。”

丰田社长奥田硕在回答韩国三星集团会长李健熙的问题“企业长久发展的秘诀是什么”时说道：“在整个社会中，一个企业的使命就是要为社会做出应有的贡献。如果一个企业的目标能够与国家的利益息息相关，那么这样的企业是注定会获得长足发展的。”

（2）永无止境的创新

这是丰田佐吉赖以成功的秘诀，也是丰田汽车赖以成功的秘诀。

丰田佐吉有了改善织布机的念头之后，用了25年的时间才走到自动织布机这一步。丰田汽车最为人称道的就是丰田生产系统，但是它的基础就是“改善以及持续改善”的思想。

除了在生产和制度上的创新，丰田在技术上的创新步伐也从未停止。2014年日本Patent Result针对汽车厂家持有的专利资产的质与量做出了综合评价，并公布了“汽车厂家专利资产规模排行榜”，丰田汽车位列第一位。“科学技术是第一生产力”。巨头竞争是全方位的竞争，专利是汽车生产厂家手中的大杀器，也是企业能在世界舞台上与对手搏杀的最趁手的武器。2012年一年，丰田研发投入就高达71亿欧元。

在丰田准备进军美国市场的时候，美国提出了市场准入条件：汽车必须能以50英里的速度行驶12小时以上；最大输出功率在40马力以上。但是对于当时的丰田和所有日本汽车来说，这两条标准都是遥不可及的。

丰田喜一郎没有气馁，进军全球这个想法像诱惑亚当夏娃的毒蛇一样，有个声音一直在丰田喜一郎心中呐喊，冲向世界的“瘾”无可抑制地在丰田喜一郎身上蔓延。发动机高速运转，往往引起拉缸：活塞受热膨胀，破坏了汽车之间的油膜。丰田喜一郎改良水箱，以求更好的冷却；使用新型材料制造发动机活塞，并且活塞形状被他改成了椭圆形，这样发动机会有更好的散热。

不光是在创业初期，这种创新是一以贯之的。尤为值得一提的是，2002年，丰田在日本、美国等地开始发售燃料电池车；2015年，搭载了混合动力总成的“卡罗拉·双擎”和“雷凌·双擎”亮相。

这两项革新改变了汽车动力的提供方式，有人赞誉为：这将是改变世界的发明！而丰田汽车也承诺，2020年之前，将免费开放有关燃料电池的5680项专利技术。

（3）员工才是企业真正的财富

日本二战后实施财政紧缩政策，导致了1000家企业倒闭，50万人死亡。丰田的局势也十分危急，公司面临破产，丰田喜一郎求遍了日本11家银行，却无人愿意施以援手，住友银行和三菱银行更是宣称：“我们只给织布厂贷款，铁匠铺，门都没有！”

按照一般公司的思维，这时候肯定要精简机构，减少行政冗员，也就是意味着裁减员工。有人给出了详细数字：丰田7300名员工中，有1600名员工是可以被裁掉的。而这恰恰是丰田喜一郎最不能接受的，因为这有悖于丰田训诫。

他说道：“哪个家庭会因为入不敷出而将家人赶出门外呢？”

但是不久，产能过剩的问题开始凸显，裁员又被提上日程。丰田喜一郎说：“一起努力至今的人，怎么分辨谁是需要的，谁是不被需要的呢？”但这时有意向支持丰田的银行态度非常坚决：你们不裁员，我们不融资。后来裁员还是推行了，但是丰田喜一郎决定辞职以示与工人共进退。

有人评价说：丰田喜一郎是一个浪漫主义者，但却是一个很温暖的浪漫主义者，不是吗？

（4）学会尊重他人

这一点在丰田汽车中颇有一点悖论的味道。

前面讲过，准时化一个很重要的特点就是避免浪费，所以丰田汽车整体运营非常高效，但是丰田的会议参加人数之多是其他企业不能相比的，其中有大量的不需要讨论的人员，他们只是旁听，这里就显示出丰田尊重他人的文化——员工应该有知情权。

日本是一个等级制度比较明显的国家，丰田也是，但是丰田汽车却赋予员工反对上级的权力——只要你说的正确。在丰田公司，批评上级的错误不仅不会有任何不妥，反而会受到奖励。所以，员工有发言的自由。

日本丰田和美国通用合资建立NUMMI工厂，丰田英二和通用的高管一起出席董事会，丰田英二在通用公司代表还在慢条斯理地就餐时，就一抹嘴起立去视察工厂了，和员工握手谈话，亲口对每个人说："您辛苦了！""谢谢您能为我们工作！"

（5）脚踏实地，避免轻浮

这一点是靠做，而不是靠说的。

《墨子·兼爱中》中有：昔者楚灵王好士细腰，故灵王之臣皆以一饭为节，胁息然后带，扶墙然后起。比期年，朝有黧黑之色。"楚王好细腰"的典故由此而来。"上行下效"讲的就是这个意思，领导者的行为比语言更有让人信服的力量。

丰田的领导人以身作则，带头将脚踏实地的作风贯彻下去。丰田喜一郎开始研制发动机时，东京帝国大学毕业的他和工人们同吃同住，只为搞懂发动机原理。后来开始制作第一台汽车时，丰田喜一郎更是废寝忘食，当时的工友回忆：我喊大家吃饭了，最后一个从车底钻出来的往往就是喜一郎。

丰田内部还有一个"三实"文化，既强调"实地、实物、实际"。

这一点在丰田喜一郎身上最有体现，他经常在常委会上说："你去过那间工厂了吗？我去过了，挺不错的。”有时候还会在参观完工厂后，详细列出他认为存在的优点和缺点，这说明所谓“观察”并不是走马观花式地作秀，而是实实在在地想思路、想方法。

这种不尚虚言、只崇尚实实在在的行动的风格也是每一个丰田员工的共同特点。

这些理念都是很合理而且很有必要的，但是别说是众多的参观模仿者，就算是丰田也有马失前蹄的时候，最具代表性的例子就是 2009 年的“召回门”，丰田召回问题汽车 200 余万辆，股价连续 5 日大跌，市值蒸发超 250 亿日元。过分强调成本控制，造成质量不过关；全球化扩张太快，忽视人才培养也是重要原因；而且“召回门”的前两周，丰田总裁丰田章男竟然玩起了人间蒸发，没有第一时间出来道歉并采取措施补救。

2. 丰田生产系统：一把会砥砺自我的剑

丰田生产系统是日本丰田汽车公司创造的一套进行生产管理的方法。其目的在于消除浪费、降低成本，以准时化和自动化为支柱，以改善生产活动为基础，通过消除所有环节上的浪费来缩短产品从生产到客户手中的时间，从而提升企业竞争力。通过这套方法，能减少成本，提高生产效率。再进一步说就是四个字“多快好省”。

丰田生产系统的基本思想是杜绝浪费，这里需要提醒一下大家，我们下面所说的概念都是大家日常生活中习以为常的概念，但是丰田的伟大之处就在于在它能对人们习以为常的东西进行深入细致的挖掘，赋予其不一样的含义和内容。如它把浪费分为：

1）不增加价值的动作。比如说上一个人的工作没有做好，下一个人在等着产品过来，这就产生了等待浪费。

2）没有附加价值的动作。这也是企业中最多的浪费，也就是不得不做，但是不产生附加价值，比如库存浪费和搬运浪费。据丰田测算，这类浪费占了 95%。

丰田生产系统的理论框架包含“一个目标”、“两大支柱”和“一大基础”，其包括但不限于准时化、人字边自动化、改善等核心技术和思想。“一个目标”是指低成本、高效率；“两大支柱”是准时化、人字边自动化；“一大基础”是“改善和持续改善”。

丰田生产系统不是一成不变的，而是一个动态的系统，时刻处在变化和不断完善之中，这就像是一台会不断升级的计算机，或者一把自我砥砺的剑，在千变万化的环境中，始终锐利、始终锋芒毕现。

几十年来，丰田的生产系统被许多企业、工厂乃至医院参照学习，以期悟得其中精髓。丰田训诫有点像武侠小说中的内功心法，需要配合一定的环境和对象，才能有效施为。所以很多年来，很多企业只得其形，未解其意。

在丰田最为艰难的时候，丰田训诫聚拢起人心，每个人都在自我鞭策，燃烧了巨大的斗志和激情；在丰田面临石油危机的挑战和机遇时，秉持着丰田训诫的领导人摸着石头过河，避免马失前蹄却又迅疾如风；在企业决策失误或者面临困境时，又能用丰田训诫时时洗濯自己的双目。

第九章

罗斯柴尔德家族：游猎于世界的暗夜君王

世界上的传奇很多，但是仍然存在的已经不多了，罗斯柴尔德家族算一个。

全盛时期的罗斯柴尔德家族在欧洲号称是除了英国、法国、普鲁士、奥地利、俄罗斯之外的“第六帝国”，就像被尊为“素王”的孔子用思想教化人民，罗斯柴尔德家族没有一寸土地，但却以金融手段搅弄风云，他们是有史以来最强大的“金融僭主”。

可怕的是，你知道他们很有钱，却不知道究竟有钱成什么样；更可怕的是，金钱只是罗斯柴尔德家族的冰山一角，只有核心家族成员才能够知晓这个家族蕴含的能量；最可怕的是，这个家族已经存在了 200 多年，这是掺杂着一战、二战连天炮火的 200 多年，这是纳粹的屠刀向 600 万犹太人头上砍去的 200 多年。

罗斯柴尔德家族自豪于犹太人的身份，在战火的夹缝中生存，在废墟上崛起，不放弃犹太教的信仰，也始终追逐财富，将犹太民族性格中的坚韧与逐利展露无遗。

罗斯柴尔德家族坚持着老梅耶留下的遗嘱也是信条，像一位睥睨天下的君王拎着剑行走于暗夜之中，电光火石之间，就摧毁了一个对手，但是外人只知道是谁被斩落马下，甚至连罗斯柴尔德是否出手都无从知道。强大如斯，神秘如斯。

一、荣枯断续，不减韶华 250 年

从梅耶·罗斯柴尔德从事古钱币买卖开始算起，罗斯柴尔德家族已经存在了 250 多年，和所有延续久远的大家族一样，被风吹雨打、被雪欺霜凌，都是伤痕累累、血迹斑斑，但是“存在即合理”，这个古老的家族一

次次站起，并且高明地为自己披上了隐身衣。

1.“我蹲下、跪下，是为了跳得更高”

1744年出生的梅耶·阿姆斯洛·罗斯柴尔德是罗斯柴尔德家族辉煌的起点。

梅耶的父亲的墓志铭上有一句话：他总是给自己留出时间钻研犹太法典。这个小康之家，因为男主人对犹太经典的喜爱，所以小梅耶被父亲送到了菲尔特学习希伯来语，并被寄希望于成为一名拉比——犹太教中的神职人员，开导引领众人。如果真的是这样，那么犹太人中或许会出现一个很好的诵经者，但是世界却会少了一个商业传奇。

梅耶12岁那年，父母先后病逝，原定的路一下子就断了，梅耶站在人生的十字路口思考往哪里走。他来到了汉诺威，开始了学徒生涯，在沃尔夫·雅各布·奥本海默公司，他长了见识，开阔了视野。我已经不厌其烦地说明见识和格局对一个人的重要性，在这里，梅耶不仅见识了闻所未闻的商业手法，而且最重要的是，他接触到了一群人——宫廷犹太人。

原来犹太人不必每天面对臭沟渠和被人呼来喝去，可以如此光鲜。野心，是犹太这个民族从来不缺少的东西。1770年8月，26岁的梅耶迎娶了比自己小10岁的沃尔夫·所罗门·施纳佩尔的女儿居特林。

一无所有的穷小子是怎么拿下岳父大人的呢？1764年，20岁的梅耶回到了法兰克福，他在综合分析之后决定做钱币、徽章收藏与买卖——现在看来这是一个很冷门的行业，而且准入门槛很高。梅耶为什么选择这个行当呢？有几个原因：第一，祖上干过，现在做的话有点祖宗传承。第二，在汉诺威，梅耶曾经系统学过这方面的知识。第三，也是最重要的，怎么样进入上流阶层？光削尖脑袋是不行的，要讲策略，第一步当然要尽可能多地接触人，而搞钱币收藏的人非富即贵。

也正是如此，梅耶结识了一大批身份显赫的皇室贵胄，罗斯柴尔德家族以后的辉煌和这些人有着密不可分的联系。1769年，梅耶获得“宫廷犹太人”的身份，这也为站在岳父大人门前的他提供了一块颇有分量的敲门砖。

依靠独特的经营手法（其实谈不上“独特”，就是“用利益培养感情”），1765年6月，梅耶与人生中的一个大客户做了一笔交易——38古尔登30克罗伊茨（1古尔登约等于7.5罗伊茨，1古尔登约等于1.31克黄金，这笔交易约合人民币 13000 元），这个大客户是黑森·卡塞尔的王储威廉王子，这个价格就其货品而言，是一个让梅耶委屈的价格，但这是他自己主动报出的价格：用钱财铺路，结识强力人物，这也成了罗斯柴尔德家族以后经商中的重要手段。

心理学上有相关解释，人们喜欢“占便宜”，但是又不喜欢有负债感，有了负债感之后人们总会想办法弥补自己的债，要抵消这种感觉，这时弥补的代价就不是一开始的针头线脑了。所以如何让别人占便宜占得有负债感是一门很深的学问。

这种手段谈不上“高尚”，也无所谓“肮脏”，却很实用。

梅耶凭借这一心法结交权贵，并“俘虏”了一帮“食肉者”，自己也迅速跻身大富豪之列。莫斯科博物馆存放的一张资产负债表显示：1797年，梅耶·阿姆斯洛·罗斯柴尔德家族的总资产是 843485 古尔登，总负债是734981古尔登，盈余是108504古尔登，约合现在的3700万元人民币。从贫民窟走出来的到处被鄙视和欺凌的犹太老头 30 来年做到这一步，实属难得。

2. 刀刃上跳舞

真正顶级的商人害怕什么？害怕社会如一汪死水，没有机会。在真正的大师眼中，浪潮越是翻涌，越是精彩。他们如一往无前的士兵，心念如火，头脑似冰，享受着每一次细致入微的操纵，在刀与火中穿梭。他们如脚踏冲浪板的弄潮儿，在浪与浪间自在穿梭，每一束肌肉都丝丝入扣，每一个动作都合情合理。他们如同戴着脚镣的大象，在刀刃上跳舞。

幸运的是，这场浪潮很快就来了。看上去不幸的是，他们的对手就是制造浪潮的人，那个征服阿尔卑斯山脉的战争之神拿破仑。

然而，金钱在上，别说拿破仑，谁来了都不行。

1789年，法国国王路易十三召开三级会议，并引发了法国大革命，下面就是我们在历史教科书上看到的剧情——封建皇帝亡资产阶级之心不死，勾结境外势力扑杀革命力量。但是他们没有想到法国有个不世出的拿破仑，率领着愤怒的法国士兵，向干预革命的国家开始了全面复仇——虽然这里面有侵略的成分。

美国从拿破仑手里以每平方公里不到5美元的价格买到了13个州，罗斯柴尔德家族作为拿破仑的天然对手，竟也获得了可观的财富。拿破仑穷极一生都没有过去的英吉利海峡，都没有征服的英格兰及北爱尔兰共和国，却匍匐在罗斯柴尔德家族的脚下，他们被称为“金融上的拿破仑”。

（1）让别人的鸡为自己下蛋

前文讲到，梅耶曾经以钱币收藏为媒介认识了一帮上流人物，其中就有德意志下属的一个小邦国黑森—卡塞尔的威廉王子，在拿破仑发出“铲除黑森—卡塞尔王室”的命令时，威廉仓皇逃走，因为很多财物不便携带，威廉就把一些财产交给了梅耶保管——这是他财产中的一部分，也是一国财富的一部分。

梅耶有钱了。

攫取最大利益是犹太人的本能，把钱堆在一起慢慢腐蚀不是老梅耶的性格，他拿到钱后一步都没耽搁地给了正在做布料生意的老三内森 60 万英镑（1 英镑约合 10 古尔登），这笔钱已经比老梅耶奋斗半生的积蓄还要多出几倍，鸡蛋只有在合适的温度下才能孵化成小鸡，金钱必须有温床才能生钱，这个温床就是金融市场。

内森之所以被认为是罗斯柴尔德家族的天才人物，很大程度上是因为他握着这 60 万英镑，在英国市场呼风唤雨，进行炒公债、利用汇率差投机等一系列活动。现代法律和市场体系如此健全还挡不住有人能钻空子，更何况疏可跑马的当时呢？

与内森在英国混得风生水起相反，老梅耶的日子过得相当艰难，他被法国警察盯上了，一不小心就会家族倾灭，于是他选择了一种古老的智慧来保护自己：装病。

这种招数古已有之，且屡试不爽。三国时司马懿为了伪装自己的篡位之心，在名为慰问实则探视虚实的曹爽的特派员面前，口涎横流，装成风烛残年，一只脚迈进棺材板的样子，成功地打消了曹爽的疑虑和戒心；战国时的孙膑在挖了自己髌骨的庞涓面前，睡猪圈、躺泥坑、吃狗屎，成就了日后“庞涓死于此树之下”的无双智计。

老梅耶选择了“健忘症”，他承认自己做过威廉的代理人，并为他处理过一些事务，但总是在关键点上糊涂不堪，在被问到做过什么具体的事情以及威廉的财产哪里去了时，他总是摆摆手，晃晃头，一副努力回想却想不起来的样子：“记不得了，记不得了……”

一路运用“拖字诀”，直到后来，他用金钱铺路，打通了法兰克福的新主人、拿破仑儿子的洗礼人达尔贝格的大门，这事情才算告一段落。

（2）“非常有用的朋友”

当时的英国首相利物浦如此评价罗斯柴尔德家族。

这句话并不是出于礼貌的赞扬，而是事实，而且还是被低估的事实，严格来说，罗斯柴尔德家族扮演的角色不是“朋友”，而是“盟友”。反法联军能把国旗插到巴黎，能把拿破仑流放到荒无人烟的小岛上，罗斯柴尔德家族功不可没。

当时的反法联盟领头的就是英国，统帅是惠灵顿将军，有西班牙、葡萄牙、普鲁士等一帮小弟。小弟为什么跟着大哥？除了义气，不就是为了吃上一口肉嘛！

但是惠灵顿此时的日子并不好过，补给线太长，后面的物资运不上来，加上英国本土经济吃紧，惠灵顿巧妇难为无米之炊，小弟又不太听使唤。英国一时也束手无策，于是召集民间力量帮助解决困境，总的来说，困难有两个：筹钱、送货。

内森因为自己的良好信誉和商业能力，在英国政府的帮助下，筹得了一笔又一笔的巨额军饷，但是怎么运出去呢？之前内森在做布料商人的时候，就开辟了走私路线，并且有暗语和一整套的走私系统——这也可以看出罗斯柴尔德家族路子有多么野，胆子有多么大。在自己担负风险的前提下，罗斯柴尔德家族陆续送出去了 60 万英镑的军饷和价值 80 万英镑的物资，除了其中上下其手所得，罗斯柴尔德家族还可以从中抽成 2%，这笔佣金相当丰厚了，但是这里必须提醒四个字“自负风险”。

很多人只看到了罗氏家族手里端着聚宝盆，却没看到他们脚下踩着钢丝前行，稍有不虞就是粉身碎骨。

这件事情最大的意义不是说罗氏家族能从中赚取多少钱，赚钱很重要但远远不是最重要的，最重要的是罗斯柴尔德家族从此和英国政府甚至大部分欧洲国家都建立起了良好的合作关系，罗斯柴尔德家族打交道的对象往往就是一个国家。

3.“第六帝国”

19 世纪，英国、法兰西、普鲁士（后来的德意志）、奥地利帝国（后来的奥匈帝国）、俄罗斯被称为“五大帝国”，但是还有个“第六帝国”，这个显赫的外号属于罗斯柴尔德家族。

1848 年，一家署名为“劳动组织”的文章对当时巴黎最大的几个财团的财产状况做出了大致评估：拉菲特 V 弗里尔有 1000 万法郎；博东有 1200 万法郎；多朗、阿尔法有 2000 万法郎；福尔德有 3000 万法郎；赫普有 4000 万法郎；格雷斯尔有 1 亿法郎；罗斯柴尔德有 6 亿法郎。

用“富可敌国”来形容不算夸张。

内森在反法战争中把钱粮货物成功送到前线，交到惠灵顿将军手中之后，罗斯柴尔德家族一时间如日中天，溢美之词不绝于耳，这不仅令我想起了同时期的中国“红顶商人”胡雪岩，两者最大的相似之处就是与政府有着千丝万缕的联系，但最后的结局却是一衰一荣。罗斯柴尔德家族一时风光无限，他们打交道的对象和业务范围也从个人或者企业变成了国家：

1802年，丹麦王室向罗斯柴尔德家族借款；1818年，普鲁士政府借款500万英镑；1833年，英国政府从罗斯柴尔德银行借款2000万英镑；1856年，奥地利政府向罗斯柴尔德家族借款1000万英镑。

假如仅仅是借款，就太小瞧罗斯柴尔德家族了，他们为战争提供军事贷款，借给战败国赔款；他们开办银行，遍布欧洲大陆，从事股票和证券交易以及保险业务；他们以金钱换取经营铁路和通讯等产业的资格；他们还到钢铁、煤炭、石油等国民基础产业中插了一脚。

梅耶·罗斯柴尔德说过："只要我能控制一个国家的货币发行，我不在乎是谁制定的法律！""第六帝国"挥舞着金钱这个魔力无穷的大棒，在各国间腾转挪移，呼风唤雨。也许广为流传的一句话能说明罗斯柴尔德的威力："一个金融业人士不知道罗斯柴尔德，就如同一个学物理的不知道爱因斯坦！一个学音乐的不知道贝多芬！一个学绘画的不知道达芬奇！"

罗斯柴尔德最盛时控制了英格兰银行、法兰西银行和美国第一、第二银行，这些都是国家银行。他们能发动或者制止战争，迫使大主教让步，甚至操纵国王任免。

4．王者哀歌

罗斯柴尔德家族走下坡路的原因有很多，其中最重要的两点：一是对美国的战略失误；二是希特勒以军事手段，霸道惨烈地一刀腰斩了如日中天的罗斯柴尔德家族。

美国曾经流传过这么一句话：民主党是属于摩根家族的，共和党是属于洛克菲勒家族的。但是后面还有一句：摩根和洛克菲勒都是属于罗斯柴尔德家族的。这句话略有夸张但还是有一定根据的。

摩根是罗斯柴尔德家族在美国的伙伴，摩根协助罗斯柴尔德促成了美国政府银行体制改革，使后者成功控制了美国第一银行（美联储前身）。当时，充其量而言，摩根算得上罗斯柴尔德家族在美国的"代理人"，因为其实力还当不起"盟友"的称呼。但是他们扶植的代理人却趁着罗斯柴尔德家族对抗"铁血宰相"俾斯麦无暇分身的时候谋划独立了，罗斯柴尔德甚是恼火，又扶植了洛克菲勒家族与其对抗，但结果是养了一头白眼狼之后又养了一头白眼狼。

失去美国这片生机勃勃的土地，哪怕是对罗斯柴尔德这样的庞然大物而言，也是一个极大的损失。但是如果这仅仅是“损失”的话，接下来的纳粹浪潮就是“灾难”了。

前面讲过，罗斯柴尔德家族是一个擅长火中取栗的高手，喜欢在间不容发间为人所不敢为，但是当大火烧遍漫山遍野，当海浪铺天盖地袭来，任凭身手如何高明都无济于事。希特勒执掌权柄之后，以“闪电战”一一击破欧洲各国，更为可怕的是德国纳粹开始大肆屠杀犹太人——欧洲有1100万犹太人，二战时被杀掉了600万。

罗斯柴尔德家族一向以身为犹太人自傲，罗斯柴尔德家族第三代利奥波德·列昂内尔甚至说过这样一句话：“我有两大荣誉：第一，我是罗斯柴尔德家族的一员；第二，我是一个犹太人。”虽然犹太人自古以来在欧洲都不吃香，很多犹太人有钱之后开始改换门庭，但是这个家族略显顽固的坚持竟颇为令人敬佩。这份坚持换来了无情的杀害，罗斯柴尔德家族成员一个接一个倒在了血泊中。

战争的破坏力使得罗斯柴尔德家族损失惨重，其家族经济一度到了崩溃的边缘，位于德国、法国、意大利的资产基本消失殆尽；美国财团利用这一时机侵吞罗斯柴尔德家族在美国和澳洲的财富，以花旗财团为首的一批大财团战后崛起均得益于罗斯柴尔德家族的血肉；“北极熊”趁火打劫，吃相更难看，直接连人带物一块接管了，连肉带骨头丢到嘴里嘎嘣嘎嘣嚼嚼咽了。

罗斯柴尔德家族仅依赖在英国和瑞士幸存的少量金融机构艰难恢复，希特勒这把锋利的匕首划开了罗斯柴尔德家族的喉咙，闻到血腥味的鲨鱼蜂拥而来，差点把它瓜分殆尽。

5. 从“航空母舰”到“潜水艇”

战争之后，罗斯柴尔德仿佛从世界上消失了，它从霸王级别的航空母舰一转身变成了潜水艇，人们很少见到它的身影，只能从蛛丝马迹中推断出那惊鸿一瞥。这固然有一部分原因是战争中元气大伤，但是瘦死的骆驼比马大，它低调成这个样子反倒让人觉得神秘，激起了很多人的好奇心。

近十年来，关于罗斯柴尔德的研究很多，但是往往都没有任何根据，中国人知道罗斯柴尔德这个神秘的家族也多是因为宋鸿兵先生的畅销书《货币战争》，其中最有噱头的一点就是他推断罗斯柴尔德家族有 50 万亿美元的财产。但是也有人根据罗斯柴尔德家族 2011 年和 2012 年在全球市场的表现推测其每年收入不到 100 亿美元，净利润不超过 30 亿美元，这个数字也就是曾经的小弟摩根等财团的零头而已。

但是事实真的如此吗？

罗斯柴尔德家族有几个投资核心。“多元化投资”，也就是“不把鸡蛋放在一个篮子里”的投资理念是他们一直坚持的，金融市场的收益可以通过数字反映，但是罗斯柴尔德家族还拥有全球 70%钻石产量的南非戴比尔斯公司，以及占据全球铁矿石产量 70%的巴西淡水河谷、力拓、必和必拓公司，甚至各国政要去法国一定入住的法国圣雅克大酒店以及拉菲葡萄酒，这些都有罗斯柴尔德家族的投资。而这些收益，罗斯柴尔德家族秉承祖训，是绝对不会对外界公布的——而这还只是他们愿意说出名字的一部分产业，其全部拥有的资产，怕只有家族核心成员才能够知晓。

罗斯柴尔德家族第六代掌门大卫·罗斯柴尔德 2009 年在央视《对话》栏目中说过一番很引人深思的话：“这个世界是很危险的，我们平时走的路离悬崖也只有一步之遥。”“时代不会因为没有罗斯柴尔德而停止前进，而罗斯柴尔德只有跟着时代前进。”“保持神秘感可以令家族更长寿，因为经常被媒体曝光的人，通常会变得十分傲慢。”“对于不具备这种经商天赋的人，我们要像农夫一样，经过长期的观察，然后总结这种趋势，从而找出机会。”

从中我们看到了什么？充满了对自我的客观认知，对商业道路的谨慎，以及自诩为“农夫”的谦逊。中国讲“一代而富，三代而贵”，已经传承了七代的罗斯柴尔德家族有资格高调却选择了悄无声息，他们已经不再需要这点浮华来装点门楣了。

在历经惨无人道的大屠杀之后，原本就比较低调的罗斯柴尔德家族更是低到了尘埃里，难免有人猜测，但是却找不到更多的准确信息。有人说罗斯柴尔德家族已经难以为继，甚至要靠借贷度日，也有人说他们掌握着美联储 40%的股份，换句话说就是美国每印刷 100 美元，就有 40 美元是给他们家印的……猜测很多，但是罗斯柴尔德家族从来不正面回应。从我们能得到的一些信息来看，既不像传言说的那么辉煌，也不像传言说的那么惨。

郑板桥有诗云：

一节复一节，千枝攒万叶。

我自不开花，免撩蜂与蝶。

外界的关注在罗斯柴尔德看来只是“狂蜂浪蝶”罢了，满心钻营、一身铜臭起家的罗斯柴尔德家族在长久的积淀之后不仅有了贵族的优雅，还有了贵族的低调，这一点非常值得开着玛莎拉蒂想飚上天的中国富二代们好好思考一下。

二、拥有独特商业密码的不死家族

提起罗斯柴尔德，人们的第一印象就是“有钱”，但是除此之外，也说不出别的了。其实罗斯柴尔德家族有两点最吸引人：为什么它能持续挣钱？为什么他的家族能够一直延续？虽然很多人更关心前者，但是前者只是后者的一个必要不充分条件。

1. 金钱的先知

德国诗人海涅说过：“如果金钱是我们时代的上帝，那罗斯柴尔德就是它的先知。”也有人对于罗斯柴尔德这个虽然稍有褪色但是仍旧坚挺的不死家族的商业密码如此总结道：“严密的家族控制，完全不透明的暗箱操作，像钟表一般精确的协调，永远早于市场的信息获取，彻头彻尾的冷酷理智，永无止境的金权欲望，以及基于这一切的对金钱和财富的深刻洞察和天才的预见力。”

这些高度总结的话并不能使读者得到更有益于自身的反思，我们在此基础上发散一下：

（1）建立信息网络系统

获得第一手信息，是商业中最为重要的因素。

罗斯柴尔德家族很早就意识到了这一点，他们最卓越的地方不仅在于积极搜罗信息，而且建立了一套卓有成效的信息网络系统。梅耶的五个儿子都是不可多得的商业奇才，他们在欧洲五国各自经营但是又彼此联系，这在电报尚未出现的年代是一个巨大的优势。

他们彼此联络有固定的线路和专门的信使，以及密文——这更像是一个军事组织而不是商业组织。他们五兄弟在各自的市场上搜罗情报，然后通过信使发出去，互通有无。罗斯柴尔德家族的家族信件用英语、德语等书写，工作信件用希伯来文书写，有着严格的区分。开始实行时内森因为没有严格遵守还曾被梅耶训斥，信中掺杂有大量暗语，如梅耶代号为“阿诺迪”，威廉被称为“哥德斯坦”，用“鳕鱼干”代指英国的投资。在美国内战即将结束之时，一封来自美洲的电报上写道：夏勒姆先生将至。“夏勒姆先生”代指“和平”。这些信件就算是落到竞争对手手中，他们看到也是一头雾水。

高效和安全是罗斯柴尔德家族网格化信息网络的特点，这使得维多利亚女王以及欧洲各国政要也对罗斯柴尔德家族的信息网络情有独钟，多次使用它来传递信息。所以有传言称罗斯柴尔德家族掌握着全欧洲的秘密，哪位大臣喜欢鹅肝酱还是鱼子酱，甚至女王贴身衣物的颜色！

信息对罗斯柴尔德家族的财富积累起了巨大的作用，最有名气的就是“英国国债之战”。1815 年 6 月 18 日，历史上著名的滑铁卢之战打响，在战争的硝烟还没有完全退散的时候，内森安插在英军中的信使就飞速回来了，内森靠着那根被戏称为“罗斯柴尔德之柱”的柱子，开始抛售手中的英国国债，人们看到消息最灵通的内森这样做，以为英国战败了，于是惊慌的人们争先恐后地抛售手中的英国公债，价格从100英镑跌到了5英镑，这时内森指使手下人暗中把人们抛售的公债照单全收。过了几天，反法联军胜利的消息传来，公债涨成了天价，有人推测，内森这一战至少挣得了380万英镑。

（2）“陪国王散步，同政府做生意”

老梅耶有一段话说出了罗斯柴尔德挣钱的精髓：接近政治家，这些人决定预算、赤字额度，还能决定对内对外政策，每一项都对我们的生意有着巨大的影响。

严格来说，这也是罗斯柴尔德家族重视信息的一个表现。因为罗斯柴尔德就是以此发家的，梅耶从底层犹太人晋升为“宫廷犹太人”，其中很重要的原因就是以极低的价钱将珍藏的古币卖给黑森—卡塞尔的威廉王子，搭上了这条线。在做大以后，同政府打交道的时候更为明显，罗斯柴尔德苦心经营与关键人物的关系，很多时候出手大方得令人咋舌：在梅耶和威廉起争执的时候，居中调停的威廉的心腹布得鲁斯获得了价值2万古尔登的罗斯柴尔德家族公司的股份，他的情人还获得了一份不错的工作；梅耶为了获得被法军缴获的威廉的财货，向法军将领行贿，出手就是26万法郎；梅耶的儿子所罗门向中间官员许诺1%的回扣，拿到了英国和俄国之间的业务。

老罗斯柴尔德的接班人们秉承了这一家族传统，甚至比他做得更为出色，他们都是各国王室的座上宾，甚至像中国春秋战国时的子贡一样，有“分庭抗礼”的资格。

（3）金钱是一种很纯粹的东西

我犹豫了很久要不要把这一条写进来。

春秋战国的时候，鲁国颁布了一条法令：凡是发现鲁国人在其他国家为奴的，可以赎回来，所需花费由国家报销。在司马迁《史记•货殖列传》富豪排行榜上名列第二的子贡，也就是仅次于财神爷陶朱公范蠡的一个人物，有钱任性，把人赎回来后不要国家报销，自己填上了，但是却被他的老师孔子批评了一顿：你做了一个很坏的榜样！你自己有钱爱怎么高尚怎么高尚，但是那些穷家小户怎么办？以后遇到鲁国人，他们救的话找不找国家报销？找的话与你比起来就显得私德有亏，不找的话自己又承担不起，所以他们就会干脆不救。

这么说是有一些道理的。

罗斯柴尔德家族就很纯粹，纯粹的有些冷血。无论欧洲形势如何纷乱，罗斯柴尔德家族始终岿然不动，不管意识形态，也从不选边站，只有在嗅到金钱的气息时才介入其中，而且只为盈利；他们“不挑食”，不管什么行业都掺一脚——只要能挣钱，前面说过的钢铁、石油、通讯、铁路等都不必再说，后来他们还涉及赛车、赛马、花卉、葡萄酒、酒店行业等。

大家感到最不可思议也最陌生的花卉业，罗斯柴尔德也做得津津有味，家族的第三代列昂纳尔将花卉嫁接，延长花期，一共培育了 1210 个新品种，并用家族成员姓名为其中的 452 个新品种命名。

金钱是一种纯粹的东西，而挣钱也是一件纯粹的事情。金钱可以用来做慈善，也可以用来挥霍，但这都是挣得之后的用途，我们不能在挣钱的同时伴以苛刻的道德要求，不然就成了宋襄公——这个空有“春秋五霸”头衔的君王，在与敌人作战时，恪守君子之道，放弃对敌人半渡而击的机会，等敌人列阵完毕，才进行攻击，结果被打了个落花流水。

2. 折不断的五支箭

梅耶·罗斯柴尔德的妻子名为居特林，这位全职太太是伟大的，伟大于她在 21 年间为罗氏家族生育了 19 个孩子。因为当时医疗手段极不发达，只有 10 个孩子活了下来，正好五男五女，这五个男婴就是后来鼎鼎大名的“罗氏五虎”。假如说梅耶奠定了家族的根基，“罗氏五虎”才是真正让罗斯柴尔德家族开枝散叶、发展壮大的人物。

长子阿姆斯洛坐镇法兰克福，打理家族生意；次子所罗门在奥地利维也纳建立了奥地利分行；三儿子内森是第二代里面最优秀的，在英国玩得风生水起，一度控制了英国公债；四儿子卡尔在意大利的那不勒斯建立了意大利分行；五儿子詹姆斯打理在法国的罗斯柴尔德银行，曾经控制了法国所有的贷款业务，而且也被认为是在商业天赋上最接近内森的人物。

事实上，罗斯柴尔德家族不管是家训还是家徽、家规等的制定，都和梅耶·罗斯柴尔德有着不同程度的关联，甚至可以说是他一手创立的。而梅耶因为多子多嗣，五个儿子个个成才，优秀的人容易扎堆，但是同样优秀的兄弟却很少有能共同走到最后的，所以梅耶所有行为的出发点和最终目的都是团结。他甚至说出了这样具有诱惑力的话："你们只要团结在一起，你们就是欧洲最富有的人，你们将是不可战胜的！"

（1）家训

"只要你们团结一致，你们就所向披靡；你们分手的那天，就是你们失去繁荣的开始。"这句像谶言又像是警告的话就是罗斯柴尔德的家训，这是梅耶对他们五兄弟说的，也被视为罗斯柴尔德家族的最高准则。

罗斯柴尔德家族第六代掌门人大卫·罗斯柴尔德说："对我们家族而言，我们有自己的原则：团结、勤劳和正直。所谓团结，就是家族成员之间要团结；勤劳就是要努力的工作；而正直就是说你做的事情要对自己有好处，也要对别人有好处，而不仅仅是为自己赚钱。"

这就是罗斯柴尔德的三字真经。

（2）家徽

有一则广为流传的小故事，一个老人行将就木，但是害怕几个儿子不和睦，于是把他们叫到床前，给了每个人一支箭，儿子们都轻松地拗断了，然后老人又拿了五支箭绑到一块，让儿子们折断，儿子们无计可施。于是总结出一句脍炙人口的话：团结就是力量。

罗斯柴尔德家族的家徽就依此而来，老梅耶像那位父亲一样期盼着自己的儿子能团结和睦，共同进取，他的儿子们终究没有让他失望。"罗氏五虎"迄今为止仍是商业上兄弟合作的典范。

（3）家规

老罗斯柴尔德在1812年去世之前，立下了遗嘱：

1）所有的家族银行中的要职必须由家族内部人员担任，绝不用外人。只有男性家族人员能够参与家族商业活动。

2）家族通婚只能在表亲之间进行，防止财富稀释和外流。（这一规定在前期被严格执行，后来放宽到可以与其他犹太银行家族通婚。）

3）绝对不准对外公布财产情况。

4）在财产继承上，绝对不准律师介入。

5）每家的长子作为各家首领，只有家族一致同意，才能另选次子接班。

6）任何违反遗嘱的人，将失去一切财产继承权。

这些家规森严而且不近人情，但是得到了全体家族成员的认可，并且被很好地执行，罗斯柴尔德家族被认为极为神秘的原因很大程度上就在于这些具有强烈排外性的家规：要职不用外人、财产不对外公布、继承不找律师。梅耶像防贼一样防备着外界窥探的目光。这些家规引导了家族的发展，但是也带来一些弊端，尤其是银行要职必须由家族内部人员担任和严格的财产保密制度，这极大地阻碍了国际一流人才的引进——连摩根银行都开始用股份吸引人才了，罗斯柴尔德家族连家族收益都不愿公布。

（4）合伙人制度

我们可以看到，不论是家规、家训还是家徽，强调的只有两个字：团结。

而合伙人制度更是这种精神的集中体现，也是罗斯柴尔德家族能够获得空前快速发展的重要保证，最为重要的是，每过几年家族的几个“合伙人”（梅耶把罗斯柴尔德看成是合伙经营的家族公司，各合伙人也就是家族分支的领头人，遗嘱规定是每一脉的老大）就会坐下来，详细商谈制度中需要改进或者增加的部分。这种适应时代发展的能力，使罗斯柴尔德家族有了变形虫一般的适应能力。

1810 年 9 月，梅耶和几个儿子在犹太街上开会，这次会议就建立了合伙人制度的雏形，梅耶获得公司总资产 46.2%的股份，长子阿姆斯洛和次子所罗门各获得 23.1%的股份；三儿子内森因为战争原因没有加入；四儿子卡尔获得 3.7%的股份；五儿子詹姆斯获得 3.9%的股份。

在 1815 年，梅耶已经死去，兄弟几个也各自拥有了自己的产业，但是公司资产的大头都是内森一手打拼下来的，几人在重新商量协议时，老三内森占了 27%，老大和老二占了 20%，老四和老五占了 16%，剩余的 1%分给家族女性——这一协议的达成，很大程度上是因为内森的主动退让。老四卡尔说："在我们五个中间，他的确付出了最大的努力，我们获得的一切，大部分都是他的功劳。"

几位兄弟的合作，不仅仅是分家产上的互相谦让，还有面对外敌时的合作无间和戮力一心。1830 年，法国爆发"七月革命"，查理十世倒台，持有巨额法国公债的詹姆斯损失 1.7 亿法郎。依靠建立的信息网络系统，詹姆斯赶紧向另外哥儿几个发去消息，内森他们第一时间就抛售了手中的公债，当其他人知道"七月革命"的消息时，市场的价格已经跳水得很严重了。而这时，詹姆斯又传来了菲利普被拥立为王的消息。和平即将到来，哥几个又以极低的价格买入市场上的公债，等公众知道和平的消息后，公债价格迅速上升。罗斯柴尔德五兄弟这次运作赚了 3 亿多英镑，远超损失的 1.7 亿法郎。

这次成功的运作得益于詹姆斯及时传递的信息，也得益于兄弟几人毫无保留的信任。而在詹姆斯损失 1.7 亿法郎，最为低落的时候，兄弟几人纷纷写信安慰，这份亲情也颇为令人动容。老大阿姆斯洛写道："如果我们中的一个人失去了理智，那么其他人必须保持平静。如果全部失去了理智——那么说晚安吧！我希望这封信能使你安静下来，并感谢上帝，我们获得财富的速度比任何人都要快。"

实事求是地说，罗斯柴尔德家族现在已经大大不如它的巅峰时刻了，但是所谓历史总有起伏，所谓命运难免跌宕，我们应该更关注这些家族长久传承的基因密码，而不是肤浅地看谁更加膀大腰圆。

罗斯柴尔德家族崛起于法兰克福的犹太街，法拉克福历史上有过多次针对犹太人的屠杀，这条犹太街是神圣罗马帝国皇帝腓特烈三世下令建造的。

诗人路德维格·伯尔纳在18世纪最后20年曾经在这里居住，他描述：“这是一个狭长而黑暗的牢笼。19世纪最强烈的光线都不能够把这里的黑暗刺穿，在眼前看不到尽头的街道里，每个人只有极为狭小的空间，甚至转身都是一件很困难的事情。身边的每个地方都散发着极为难闻的味道，在污秽中行走还要放慢脚步，因为脚下可能是玩耍的孩子。”

罗斯柴尔德发轫于烂泥臭水的犹太街，是最被社会歧视、最没有社会地位的等级（犹太人不论男女都要佩戴象征身份的标识，面对外界一个顽劣的小孩的训斥都必须弯腰鞠躬、洗耳恭听），当时社会上还普遍有仇视犹太人的风气，但是他们从一文不名到成为整个欧洲的金融帝王，最巅峰时被称为“第六帝国”，这个故事难道不值得被所有的创业者和正在奋斗的人铭记吗？

王侯将相，宁有种乎？

总评

家风：寂寞迷途中的长明灯

你的气质里，藏着你读过的书、走过的路、爱过的人。

人有气质，企业也有气质，但是这只是前半部分，我觉得后半部分应该表述为：你的气质也决定了你即将读什么样的书、走什么样的路、爱上什么样的人。做成一件事情，需要各种资源与智计的相逢，西方人称之为“幸运”，中国人称之为“缘分”，无一例外都强调概率。

但其实冥冥之中一切自有定数。

就像诺基亚王朝的滑坡和苹果帝国的兴起，乍一看只是手机时代两个霸主的一衰一荣，正常的新旧交替，但是这个结局却是在 1976 年“乔帮主”向朋友抱怨手机不好用时就已经注定，虽然那时候苹果标志刚刚出现在市场上。

因为两者的较量是两种思维的较量，诺基亚认为手机是“通讯和办公工具”，所以诺基亚手机“安全、耐用、简洁”，但是乔布斯对手机的定位是“互联网的移动终端”，通讯只是一项功能，而且是最基本的功能。这个“神一样的男人”设计了 APP store 购买下载模式，以及精致的外观和极具互动性的操作方式，颠覆了人们以往的观念。

甚至安卓系统找的第一个合作厂商就是诺基亚，而现在是安卓和 IOS 系统两分天下的时代。诺基亚当年是可以抓住机遇反败为胜的，但是用过安卓手机的人都知道，诺基亚崇信的“安全、耐用、简洁”理念，安卓系统皆与之相悖，所以诺基亚和安卓系统终成陌路。后来的故事大家都知道，坐在铁王座上的国民手机跌落了神坛。

与其说苹果是理念的胜利，不如说是企业文化的胜利，而在家族企业中，能引导这种胜利的就是家风了。这种隐性的、无法具象的东西在企业，尤其是家族企业跌跌撞撞地前行时，犹如一盏长明灯照亮万古长夜，在纷繁复杂的道路中选一条自己的路。有的前面是死路，有的是下一个大道三千。

这不是随机的，在你挑选长明灯时就已经决定了你会走哪条路。

一、家风的相关内涵

家风是一个比较顺口的说法，其他还有诸如家规、家训、家教等相似的表达，但是家风更具有统御性，其内涵和外延也更丰富。关于家风，先说一些普遍的共识性的概念。当然，并不局限于家的层面，也涉及家风在企业中的体现和作用，但是“企风”这个生造的词拗口得厉害，所以还是统一用“家风”的说法。

（一）家风的定义

中国自古有“学成文武艺，货与帝王家”的传统，统治阶级尤其重视“文教”，将“士农工商”中的“士”排在首位，而这些士大夫阶层，因为家族庞大，并且想维系自己的身份地位，所以就要对族内子弟的言行举止做出规范，而他们制定规范的方式就是用家规、家训等一系列的手段，以求世代相传、绵延不息。在多种手段的作用下，就形成了这一族独特的思想意志和处事风格观念，也就是家风。当然，家风并不局限于士族之中。

家风这两个字最早出现在周庾信的《哀江南赋序》中，“潘岳之文采，始述家风；陆机之辞赋，先陈世德。”但这只是“家风”一词有明确记载的历史记录。历史上实际出现的时间比这早得多。

《中国古代生活词典》将家风定义为：家风，亦称“门风”。指一个家族的传统风习，是在家长或主要成员影响下自然形成、潜移默化的传统习惯和生活作风。《中国学前教育百科全书·教育理论卷》的定义为：家风，即一个家庭在日常生活中逐步形成的较为稳定的生活作风、行为习惯、情趣教养和为人处世之道等。“家风”是在家庭成员相互影响、相互渗透、潜移默化的过程中形成的，它具体体现在家庭成员的文化修养、人格品质、相互关系中。“家风”一旦形成，既是一种强大的教育力量，又是家庭成员行为的“自动调节器”，而且往往可以继续影响后代，作用深远。

按照通俗理解，家庭是社会关系的基本单位。家庭在长期的产生和发展过程中，形成了很多有价值的家庭经验，这些经验的集合经过不断的发展演变，然后在家族某些有识之士的提炼下，将其中的精华萃取出来，形成家族内众所周知并得到广泛认可的思想观念。

由以上两个定义我们可以看出家风的一些特征。一是家风是一种无形的思想意识，经过较长时间才能形成。二是形成方式多为家庭成员之间相互砥砺，相互影响。三是影响力遍布整个家庭的方方面面，而且影响深远。

（二）家风和家规、家训等的区别

家训又被称为家范、庭训，是在大家长制的情况下，长辈对晚辈的训诫，通过训诫规范家人的行为，保持良好的言行。最有名气的就是“叨陪鲤对”的故事，这也是家训为什么又被称为“庭训”。

孔子独自一个人站在那，他儿子孔鲤（起这个怪名，是因为鲁哀公在听说孔子有儿子后，送了一条大鲤鱼，孔子指着鱼说我儿子就叫孔鲤了）怕他老爹，于是从庭院中小跑着出去玩，孔子站在屋檐下，问：“学《诗》了吗？”孔鲤低着头：“没有。”孔子说：“不学《诗》，说话就没有根据。”于是孔鲤退下后就学《诗》。过了几天，孔鲤又碰见老爹，孔子问：“学《周礼》了吗？”孔鲤摇摇头，孔子说：“不学《周礼》，立身就没有准则。”孔鲤又退下去学《周礼》。

因为孔子比较有名气，加上弟子多，所以这个小故事被收录进《论语》，得以流传了下来，但是大部分家训都是以口耳相传的形式传承。中国第一部家训是历仕四朝的颜之推写的《颜氏家训》，内容丰富、体系庞大、风格朴实，对后世的影响很大。此后诸如李世民的《帝犯》、陆游的《放翁笔录》等皆受其影响，家训层出不穷。

家训的劝诫意味更多一些，还有另外一种带有强制力的家族治理形式，那就是家规。家规最大的特点在于它在局部范围内有了“法”的特点，家规是针对一个家而言，族规是针对一个族群而言。俗语讲：“国有国法，家有家规。”但是相比于国法而言，家规的惩罚措施相对温和，一般不会有致人伤残的情况出现。而且家规也更有针对性，在一定程度上更契合家族情况，并且还有一定的地域和时代特色。

如清朝康熙年间秀才李毓秀所做的《弟子规》，又名《训蒙文》，列述了弟子在家、出外、待人、接物和学习上应该恪守的守则规范。全文共360句，1080个字，采用《论语·学而篇》第六条“弟子，入则孝，出则悌，谨而信，泛爱众，而亲仁，行有余力，则以学文”的文义，对孩子进行全面的启蒙教育。

总而言之，家训和家规是家风的表现形式。

（三）家风和家规、家训等的联系

简单地说，家规、家训对家风的形成起到了巨大的作用，它们是一表一里的关系，是显性和隐性的关系。

家训是中国传统文化的重要组成部分，也是家谱的重要组成部分，对个人修养起着重要作用。从某种意义上说，家训属于道德的范畴，教的是做人的道德标准，违背家训的代价是受到良心的谴责。

孟子曰：“不以规矩，不成方圆。”一个家庭要想发达，做人做事都要讲规矩，而且家规不像家训是一个软指标，它是一个硬性的规定，触犯者要受到惩罚，这是两者最大的区别。

家训和家规一软一硬，对家庭成员的行为和心理形成了双重限制，这就为家风的形成创造了前提条件。家风，顾名思义就是家庭的风气、风尚，也就是由一个家庭的家规、家训而形成的家庭成员普遍认可并人人践行的习惯。

三者之间的联系是家教。家教既是家训、家规在个人身上的外在表现，又是家风的内在传承方式。家教是上一辈对后辈进行言传身教，通过自己的行为潜移默化地影响他人的方式。传统意义上的家教则是指对内部成员进行道德等方面的培养，但是现在这个词的含义明显扩大了，比如说父辈的经营技巧和商海沉浮的经验，也算是家教内容的一种。

家风的传承必须依赖有意识地教育，应该言传身教，润物无声。纯靠耳濡目染，撞大运的成分太大。

（四）家风的特点

中国是四大文明古国之一，文明历史长达五千年之久，中国传统文化更是如一潭黑水，深不见底。家风正是中国传统文化的重要组成部分。

1. 时代性

马克思的唯物主义哲学认为实践决定认识，认识对实践具有反作用。这个观点同样适合家风。在家庭中，吃穿住行等基本活动决定了家风的形态，还有整个大环境如政治经济现状和社会主流意识，都会对家风的形成产生重大影响，甚至决定性作用。

家风的时代性反映出时代背景和历史局限，物质基础的变化会影响思想意识，比如中国传统家风一贯以“修身”为基本内核，但是五四运动之后，追求“民主自由”开始逐步影响人们的思想意识。

2.传承性

家风的传承是在家族内部进行的，家庭关系是影响家风传承的重大因素，外在的手段很难对家风的传承起到决定性作用。随着时代的变迁，很多优秀家风仍然具有顽强的生命力，在当代教育中发挥重要的作用。总的来说，家风的传承对象、环境和模式都比较固定。

但是家风也在不断地衍化之中，这种衍化除了因为社会环境等因素，还有一部分是人的因素。家族下一代在接受家风熏染时不可避免地会有所筛选，所以在继承家风时应该秉持这样的态度：首先，要继承好自家的良好家风，自家的家风能够流传，必然有其独到之处，应详加领会；其次，在文化源远流长的中国，关于家风、家训的著作不胜枚举，这些都是中国传统优秀思想的集大成者，值得详加揣摩，继承合理的内核，吸收其中的优秀思想；最后，要大胆汲取国外优秀文化的养分，推陈出新，形成独具特色的新家风。由此可以看出，家风也有多元的特点。

3. 独立性

家风作为一种思想意识，有着相对的独立性。家庭是社会的细胞，是组成社会的基本单位，归根到底，是社会的一部分，不能独立于社会之外。但是家风的相对独立性一方面体现在不与社会环境或者家庭环境的变化同步进行，另一方面家风能对决定它存在的吃穿住行的物质基础起到反作用。

另外，家风的独立性还体现在其封闭性上。家风的来源多是在家庭中，而一个个的家庭如果不通过社会协作，就只是一个个单独的个体。对于家风的创立和继承，家庭内部都有极大的自主权。

在关于家风的词频统计中，教化对象的频次前四位为“子”“父”“弟”“母”，教化内容的频次前四位为“家”“生”“书”“世”，教化思想的频次前四位是“知”“心”“亲”“义”。

由此我们可以看出中国传统文化的另一些特点：

1．儒家思想是其价值导向

家风是一个家庭的核心价值观和行为准则的集中体现，从颜之推做《颜氏家训》起，后世的人做家训始终在儒家这个大圈圈里转悠。作为中国封建社会的思想主流，每一个读书人都要接受儒家思想的洗礼。“仁义礼智信”等道德标准也渐渐深入人心，“君君臣臣父父子子”的等级观念也渐为人接受并根深蒂固。

2．传统家风传播靠的是耕读传家

在金庸的笔下，渔樵耕读四位武者力抗蒙古豪强，这不单是一段虚拟的武林传奇，也体现了中国人心中对于理想生活的另一重定义——进则兼济天下，退则独善其身。中国是一个有着悠久农耕历史的国家，也是世界上最早采用科举制度的国家。耕作和读书，是中国家庭生活的基本形式，一个是现实，一个是理想。虽然很多家族不再从事农业，但是读书是不敢丢下的。并且中国人有着故土情节，讲究衣锦还乡和造福乡里，回归故土，不能忘本。

（五）家风的现代化

中国的家风最具特色的就是一个“孝”字，甚至不少朝代标榜“以孝治天下”。但就是这个“孝”，也有着不断发展完善的过程，古人讲“天地君亲师”。在夏商周时代，人们的孝体现在“亲”，也就是对祖先的崇拜上，这种祖先崇拜对于维系一个氏族有着极大的作用；在春秋战国时代，伟大的孔子对孝进行了重新阐释，使之成为一个伦理范畴，并且更为清晰，崇拜范围也由一个氏族变成了一个个家庭，家风也正是在这个时候产生的；魏晋时期因为时局动荡，朝代更替频繁，所以对于“国家”的概念远不如家族来的真切，所以此时人们对家族的认可度更高一些；宋明清时儒学占据了绝对的统治地位，而儒家学说中的“孝道”，因为统治者的需要，也伴随着儒家的发展进一步壮大，甚至出现了“吃人的孝道”，比如“杀子养母”“卧冰求鲤”等一系列故事。

中英鸦片战争后，中国的大门被迫打开，西方思想不断传入。政治和经济的变动直接导致了文化上的变动。自由、平等等新思想的传入极大地冲击了旧思想，强调等级观念、以孝道为主题的传统家风失去了存在的土壤。

（六）家风的企业化

现在已经出版的学术成果，对家风的阐释多停留在传统家风的层面。但是不可否认的是，中国传统文化以及传统家风中有许多值得借鉴的好东西，所以我们应该秉持“去粗取精、去伪存真”的态度，认真思考，将其中真正适合自己的成分挑选出来，而不是盲目地人云亦云，全盘否定或者全盘接受。

家庭是家族的构成部分，家族和企业两个因素的结合才构成了家族企业，而就中国的情况而言，绝大部分的家族企业都是在改革开放之后发展起来的，所以企业在建设家风时需要着重思考家风如何与时俱进的问题。

大部分家风、家训都涉及做人方面的问题，而对于企业经营则涉及很少，不少企业主认为“人做好了，生意也就不会差”，但是我认为：传统家风过于偏重修身养性和道德情操，在今天的大环境下，尽管道德情操依然很重要，但是应该有所调整。比如封建家族中强调大家长制，子女对父母要绝对服从；还有一些迂腐落后的思想观念也需要改正，比如说愚孝和守节。应该加入一些更具有时代气息的东西，比如要持之以恒地学习或者每天阅读等。另外，因为家族企业具有特殊性，在家风中不仅要体现家族，还要体现企业。

（七）家风的作用

回顾历朝历代的家风，我们可以看到各类家风、家训都会或多或少地被打上时代的烙印，并且会受到统治阶级的影响：统治阶级将自己需要的价值观念加以宣传，然后各大家族会自觉不自觉地接受，甚至会被强行要求接受。各家族吸收之后会进行再加工，使之具有“家族特色”，然后输送给每一个家族成员，各家族成员会接纳并使之成为自身观念的一部分，这样家风就与当时的社会精神相一致，有一点社会意识扩声器的色彩。

文字出现之后，人类进入了高速发展时期，因为这意味着知识可以被累积，而知识的累积可以推动社会的进步，家风可以起到“累积”的作用。众所周知，能否创立引领家族发展的家风、家训，是一个家族能否发达的关键。但是创立合适的家风、家训，需要一代人乃至数代人长时间的沉淀，这样，家族的兴衰沉浮史在家族有识之士的眼里才会变成一条条极具借鉴意义的家风、家训。所以，形成家风需要家族所有成员的共同努力，同时家风也具有独一无二的家族特色。

家风的作用也在不断地变化之中，更趋于实用性。前文中提到建设家风的两个要素，一个是足够多的积累，需要家族中有识之士的推动，而在封建社会，有识之士基本都是士大夫阶层，多以“修身齐家治国平天下”为己任，国家高于家庭，更高于个人。

随着时代的发展，人性中的自由平等被重视、被鼓励，教化子女的终极目的是使之成为一个更全面的人，但是传统家风强制性的教化措施划定了很多条条框框，明显达不到这个目标。现在鼓励素质教育，就是鼓励人的全面发展和个性发展。家风由一个手持大黑棒的执法者、走错一步就在脑袋上敲一下的形象转化成了一个循循善诱、知道怎么走更省力的长者形象。

所以，家风中“人性化”的东西更容易得到认可和扩散，如道德观、金钱观的培养，物质需求和精神追求的平衡，这种实用化的功能被很多家庭接受，纳入家风之中。

二、如何建设好的家风？

据我多年的研究观察，一个家族企业明确提出家风的概念，一般会在第三代领导人任期内。一般企业发展的规律是第一代创业，在激烈的市场竞争中站稳脚跟，他们大多文化水平不高，凭借挣钱的本能愿望在市场中载浮载沉，而且往往都是在一个比较窄的领域内获得成功，完成初步的积累。第一代领导者因为所处行业和生长环境的局限，一般都会选择让孩子接受尽可能优良的教育，加上从小耳濡目染地学习，以及行业发展一般在此时会处于井喷期，也就是现在经常讲的“风口”，企业在第二代手中会获得突飞猛进的发展。但是企业到了第三代手中，行业的井喷期通常已经过去，不少企业面临着“洗牌”的危险，挣钱变得越来越艰难。这正是一个企业能否生存下去的关键时刻，所以对家族和企业成员有所约束，保证行动和思想上的统一，就成了比较重大的命题。

在互联网时代，这个过程被大大缩短了，有的互联网企业短短三五年估值过亿，但是短暂的风光之后，就回归暗淡，像前几年非常火爆的“偷菜”“脸萌”皆是如此，一个爆款产品就能造就一个商业传奇，但是商业传奇死亡的速度也令人瞠目。

“互联网+”很热，互联网平台也很热闹，但是没有人敢保证自己是永远的主角，甚至不敢保证自己能一直留在舞台之上。

所以，“快时代”的家风建设按照以往那种不温不火的方式推进，恐怕没等到家风发挥作用，这个家族和企业就已经在市场上倒了下去。

家风向来被看作“不可捉摸”，但是家风不仅是可以捉摸的，而且是可以被建设的。这有赖于一套规范的操作和系统的流程。

（一）为什么要重拾家风？

首先就家风本身来说，它是中国优秀传统文化的精粹，是中华民族在实践中总结出来的极具指导意义的精神意识，当然其中有一部分是糟粕，但毕竟瑕不掩瑜。凡是横亘在历史长河中不被埋没的大家族，自有其独到之处，而这种独到之处多被总结成家风、家训，并以此指导家族后辈继续前行。

但是在漫长的时代发展中，尤其是近代以来的历史跌宕中，家风文化受到了极大的冲击。现今流传下来的家风多已经流于形式，成为一种“清朝遗老”般岁数大却得不到任何尊重的存在，坚守的人少之又少。

呼唤家风回归有着特殊的意义，家规、家训是有形的文字，家风是无形的精神，它们共同发力，影响着我们的思想，左右着我们的言行。古代大家族之所以生生不息，是因为他们对于后代的文化教育都非常重视，而家规、家训正是文化教育的载体。

家风的作用不仅仅局限于家族，它的作用更是通过家族成员辐射到家族企业中去。韩国银行 2008 年发布的研究报告显示：世界上拥有 200 年以上经营历史的企业共有 5586 家，日本一个国家就占了 3146 家，第二位的德国有 837 家。而现在世界上拥有 1000 年经营历史以上的企业有七家，全部是日本企业。

这些日本企业无一例外都有着自己的家规、家训，就算没有明文标示，家族经营的核心理念也会在家族核心成员中不断传承。

日本作为一个长寿企业较多的大国，值得中国企业界学习。中国改革开放之后才如春笋般涌现的现代家族企业底子还是太单薄了，有必要向传承不休的日本家族企业多多学习，而日本家族企业最大的优点就是家风的存在，而且渗透进企业中，不仅指导着家族成员，也指导着企业成员的前进。

（二）家风如何与时代相结合？

“江山代有才人出，各领风骚数百年。”同样，一代有一代之风气，如目前提倡的“社会主义核心价值观”。习近平总书记在中央政治局第十三次集体学习会上指出：“一种价值观要真正发挥作用，必须融入社会生活，让人们在实践中感知它、领悟它。要注意的是把我们所提倡的与人们日常生活紧密联系起来，在落细、落小、落实上下功夫，让它体现在我们的点滴言行中，渗透进我们的文化建设里，彰显在我们的精神面貌上，真正成为我们国家软实力的精神利器。”

家风从家庭成员吃穿住行中总结而来，关乎人们生活最细微的东西，最接地气，是社会主义核心价值观得以“落细”的载体；家庭是社会组织中最小的单位，是社会的基本细胞，是社会主义核心价值观得以“落小”的载体；家风包罗万象，涉及生产生活的方方面面，而且又能体现在每个家庭成员身上，是社会主义核心价值观得以“落实”的载体。

这些年，党和国家越来越重视精神文明建设，提出社会主义核心价值体系、社会主义核心价值观等一系列建设国家的文化战略，也有“两手都要抓，两手都要硬”这样的表述，以期通过提升文化软实力，达到促进社会和谐的目的。

（三）家风如何与企业相结合？

这里的“结合”特指家风和家族企业的结合。其结合方式有两种：一是家风影响家族成员，然后家族成员进入家族企业中进而影响企业，形成企业文化；二是能从家风演变成企业文化，进而影响企业的家族成员和其他成员。

李秉喆在1938年创办了“三星商会”，“三”在韩语中的意义是“大、多、强”；“星”则是深远、明亮的意思，这个名字本身就有点儒家式的憧憬。李秉喆把《论语》作为自己的人生信条，毫不掩饰对它的喜爱。

李秉喆的创业理念可以总结为“实业报国，人才第一，合理追求”。李秉喆在企业管理中有一些特点：①赚钱不投机，不贪婪。②非常重视培养人才。他的人才观是“疑人不用，用人不疑”，并且经常引用“一年之计，莫如树谷；十年之计，莫如树木；终身之计，莫如树人。”③重视对员工德行的培养。从1968年开始，李秉喆为建设“三星精神”，在公司内推行“道义文化昂扬运动”。他曾说：“家庭的道义是天伦的初始，更是古往今来人们共同追求的极致幸福。”

1987年，李秉喆的三儿子李健熙继任。在李健熙任上，三星集团发布了著名的《三星宪法》，它可以说是整个三星的精神导向，它要求所有三星人都必须具备人性美和道德美，尊重礼仪规范。其具体要求如下：

（1）三星人的使命是：以人才和技术为基础，创造最佳产品和服务，为社会的稳定和国家经济的发展做贡献，为人类社会做贡献。

（2）三星人崇尚实实在在的价值，排斥任何形式的虚假。三星人应该有一种态度，即顾客永远是正确的。三星人要分享顾客的喜怒哀乐，并诚心诚意地为顾客提供服务。

（3）三星人必须以世界为挑战的大舞台，以积极的心态迎接未来和创造未来。

（4）三星人应该尊重自己的名誉和三星的名誉，并以此作为日常生活中的动力。

（5）三星人尊重独创性，对本职工作应该始终保持一种学习和研究的心态。不惧怕失败，而是把失败当作宝贵的财产，以积极的心态创造未来。

（6）三星人应该反复地追问自己如下问题："我的思考和我的行为是否立足于追求品质，是否符合超一流的标准，是否为建设超一流的企业做出了贡献，是否为人类社会做出了贡献。"

（7）三星人尊重家庭的价值，真诚地培养孩子，因为他们才是未来社会的主人公；尊敬每一位老人，因为他们为社会的发展做出了巨大的牺牲。

（8）三星人倡导勤俭节约的价值观，即使是很小的浪费也要感到罪恶。为了不使自己成为利己心的奴隶，要努力多站在他人的立场上思考问题。

（9）三星人优先考虑公共利益，在三星的利益与公共利益相抵时，理应放弃三星的利益。

（10）三星人把服务社会当做自己的义务，应该时常追问自己为社会做了什么。

《三星宪法》的表述极具现代色彩，但是我们可以从它的字里行间感知到它的儒家色彩。它所倡导的人性美其实就是"仁"的缩影，也就是孟子提倡的“恻隐、羞恶、辞让、是非”之心；为帮助员工建立这样的人性美，李健熙说“一个员工哪怕再忙也要先扶起一个摔倒的孩子”；在“鱼与熊掌不可兼得”的情况下，停掉工作帮助别人，这种选择体现了三星的义利观；三星同样十分重视行为规范，有点孔子讲的“割不正不食”的味道，强调用“礼”维系人与人之间的关系，达到和谐。

（四）家族企业建设家风的具体步骤和注意事项

我们必须清楚一个观点：建设家风不是为了把家搞得“花团锦簇”，而是为了家族昌盛和家族企业的生生不息。我们以三星集团为例，解读家风在家族和企业中的两种作用。

1. 梳理既有物质条件和思想现状

这是家风建设的前期准备工作。恰恰是比较重要的准备梳理工作，却被很多家族企业忽视，这是推动家族企业家风产生的重要孵化器。因为经过长时间的累积和岁月的洗礼，能够让一个家族在历史洪流和历史抉择中展露出自己的气质，但是通过系统的梳理能够提早明确家族的核心理念是什么。

首先，尽可能多地列出家族企业的发展现状、制约因素和解决办法；其次，因为家风具有导向和约束的作用，所以企业战略的实施需要家风的支持，但是前文中提到家风又有着稳定性的特点，所以家风建设必须与企业战略相适应；最后，家族企业中的家风是时代特征和社会特征的综合体，反映了社会环境的影响。然而，家风又是家族企业基本特点的体现，是一个企业独特的精神和风格的具体反映，以及与其他竞争企业的异质化特征。

2. 培养选拔“先驱者”，契合企业特色

这种人物的出现是一个企业的幸运，可以很明显地看出，这种人物本身就带有十分明确地企业特色，并且会把这种特色发扬光大。就像李秉喆

之于三星，李文达之于李锦记，老梅耶之于罗斯柴尔德家族。

家风是一种文化，而对某种文化的需要往往羁绊于利益，龃龉于习俗。在一个群体中，总有一些人能首先倡导改变旧的观念和行为方式，成为建设企业文化的先驱者。正是由于“先驱者”的示范，启发和带动了企业的其他人，才能形成企业新的文化。

这种核心人物其实不是找寻来的，甚至也不是培养出来的，颇有一点“天选”的味道。这种人物一旦出现，就需要赋予他相当的权力，树立个人权威，甚至把他打造成企业的榜样，再将他与企业特色融合，使员工在接受他的时候，也把企业特色如春风化雨一般浸润到心中。至此，家风的建设才算打下了初步基础。

3. 付诸文字，设立奖惩

在上一个阶段，家风建设还是依靠核心人物的个人魅力，让员工接触并认同，但仍然只是作为一种隐性的、约定俗成的东西在意识中流淌，有点类似于“道德”。正如前文所讲，家风的表现形式是“家规、家训、家法”，所以在这个阶段就是将大家心中约定俗成的东西通过文字表述出来，并且进一步明晰，使之边界清晰，不存在“似可似不可”的灰色地带，这有利于员工执行。

必须设立相应的奖惩机制来保护家规、家训，使之不沦为一纸空文。

4. 深入员工，获得认同

家族企业是由家族成员和企业成员组成的，整个家风建设的最终完成标志就是他们从心眼里认可并从行动上执行这个理念，因此员工的整体愿望至关重要，也只有把员工的整体愿望放进考虑范围，而不是让他们被动接受，才能确保家风建设的成功。

每个人都是一个独立的个体，都有自己的思想意志和独特的价值观念，以及独一无二的思维方式，但是在一个企业内，每个人都是企业的一部分，就要尽可能地在企业范围内舍弃一部分个性，谋求共性。所以，群体越多样，建立共识就越重要。

家风建设尤其需要这种共识，家风的形成过程，就是企业成员倡导的价值标准不断被认同、内化和自觉实践的过程。所以，要建立全方位、多层次的认知体系来加深这种认同，比如通过宣讲、游戏、比赛等多种形式帮助员工建立共识。

后　记

这本书的孕育始于 2010 年暖风阵阵的鹭岛之夏。但是，它的妊娠期却整整比人类十月怀胎长了整整五年。

那年的夏天，厦门一如既往的，很美。这天，我刚落地，漫行于游人如织的鼓浪屿，步下轮渡，穿过花廊，独坐在人声鼎沸的充满异国情调的别墅咖啡馆，人，却无心看风景。我的内心很焦虑。其实，不只是焦虑，甚至是有些焦灼了。

我的焦灼来源于两点。

其一，来自于我刚离开的华南某个城市。在这个经济繁荣的城市，一个存在了二十多年正呈上升发展态势的家族企业，在演完一部豪门内讧狗血剧后戛然而止，这个有着三十多个家族成员的大家庭血亲反目、分崩离析。我赶去时，剧情已临近尾声，故事的结局已经很难控制——有人跳楼、有人入狱，手足相煎，群情汹涌，已无法平复。我无能为力。

我的焦灼并非因为这个家族企业的解体，而是因为种族、人性、际遇等的相似而对越来越多的中国家族企业产生的深深忧虑。我以为，虽然这个家族企业的倒塌对社会的影响不大，它可能只是让近千名员工暂时失去工作，可能只是令当地政府少了一点税收，但若是正面临传承交班的中国家族企业群都在处理这个问题时随性而为、缺乏深谋远虑，整个社会和国家的经济战略都将受到重大打击，更多的人失业，最坏的结果可能引发社会动荡。这是我极不愿意看到的，我相信，这也是每个企业家、经济界人士、政界人士和平民百姓都不愿意看到的。

其二，是我与几位富二代的谈话。这次非正式的谈话，是在一次大学高等在职教育课堂的课后，我与几位家族资产已经进入十亿元甚至百亿元俱乐部的非常虚心好学的富二代在探讨完企业集成管理学科的相关问题后，有了以下一番对话。

我："你们现在都在自家的家族企业工作吗？"

甲："不，我自己创立了一家企业。"

乙："大学毕业后，我进入了自家企业工作，两年后我与朋友合伙开了现在这家公司。"

丙："我已经在自家企业干了五年。但其实我内心一直想像你们一样，出来单干。"

我："为什么不留在自家企业呢？"

因为我知道上述三人中至少两人是家中唯一的儿子。

甲、乙、丙三人对视一晌，不约而同地无奈一笑。

甲："原因其实很简单——在自家企业，我干得好，大家觉得是应该的，若是干得不好，人们会觉得我没用。在这个企业，我很难超越我父亲，也很难让人们看到我。"

乙："一朝天子一朝臣。企业打天下时我没参与，所以我根本说不上话，即便发表了意见，父亲的那帮老臣们也不当回事，甚至有时还当面嗤笑。虽然可以看得出管理上有许多的弊病，比如他们以对我的同样的态度对待那些优秀的职业经理人，最终使他们都一个个如我般离开，但父亲很倚重这帮人。我想拥有一个自己的团队，好难！"

丙："我学的是经济类专业，曾经在国际投行工作过一年，对经济、投资这些领域比较有兴趣。说实话，我家做的是传统实业，看上去那些数字很光鲜，实际上利润并不高，又是重资产，有很多的机器、厂房和数量庞大的工人。我常常在想，要是有一天，市场上出现了一种可以取代我们的产品，可能企业很快就垮掉。我虽然一直在自家企业工作，但常常活在纠结中。"

不知道身为创一代的企业家们听到子辈如是说会做何感想？事实上，在我近十年来对将近600位企业家子女的单独访谈中，亦有七成以上有类似想法。

我想，平头百姓应该不再那么羡慕这些衔着金钥匙出生的富二代了吧！生而为人，都有烦恼！

在焦灼的同时，我内心里也感觉到有几丝幸运。

因为我的工作就是两线相牵，一线是最前沿的各行业企业家，我与他们接触，了解他们的经营心得，聆听他们关于传承的观点，帮助他们梳理战略和未来十年、二十年甚至三十年企业可能存在的难点、疑点，我与他们的高管甚至家族重要成员座谈，探析他们的心路历程，最终目标就是帮助家族企业顺利地走下去。这件事，我至今已经做了整整十年，有成功，也有遗憾，但我始终无悔。

另一条线就是研究亲身接触的以及广泛传播的案例，发现、分析并总结特征，最后公诸社会，希望对家族企业在传承这件事上有所帮助，让他们有所借鉴。

时光匆匆，从去年夏天到现在，我在广州长期居住已达一年，汇金乾方家业传承研究院也成立了近一年。虽然这一年，我远离家人孤身千里，终日披星戴月四处奔波——中国的北京、广东、香港、台湾、上海、天津、四川、浙江、江苏、河南、福建、湖南、江西、安徽等地和美国、日本、以色列等国家都留下了我的脚步，但总算，如今终于集结成书。

我感谢生命中最重要的三个人——我太太彭华和女儿雅歌、雅璐，是她们给我创造了潜心研究的环境。感谢汇金乾方传承公司董事长魏桂东先生、总裁周斌先生、副总裁陈怡华女士以及汇金乾方传承事业的 17 位优秀企业家的支持（排名不分先后），他们是：广东大地伟业集团董事长周伟全先生、霍英东鹤年堂总裁刘海斌先生、广东诺登机构董事长黄柏潜先生、香港永富钻石董事长洪涛阳先生、香港景淳国际集团行政总裁沈珊梅女士、深圳辰希缘农业科技公司董事长陈莉女士、广州电子商务学校董事长杨志煌先生、佛山华创宇投资公司董事长梁铭祥先生、广东微宏投资公司董事长何磊先生、香港樱泰集团董事长王新平先生、广富诚集团董事长赵学成先生、广州创美诗鞋业公司董事长钟丽英女士、广州朗臣医疗器械公司董事长高卫红女士、北京富思特新材料科技公司董事长郭祥恩先生、天津太阳天朗投资公司董事长迟作连先生、广州国保科公司董事长李锦恭先生、南京天轩服饰公司董事长陈宝林先生，感谢你们对我研究工作的帮助和支持。

感谢我的忘年交霍英东集团董事副总裁林锡鎏先生常给我分享他的宝贵经验。

感谢我的老朋友宏信证券副总裁杨鹏先生、固定收益执行董事李文轩先生为我的研究提供数据方面的支持。

我要特别感谢我的助手郑四方先生，感谢他在文字整理工作方面的辛勤付出。感谢研究院王奇博士、陈卓豪先生、王弘达小姐、陈昱含小姐等人对研究工作做出的贡献。

对于传承，还有太多的企业家仍未觉醒，我希望能做那个点灯的人。

杨一波

二零一六年八月十三日

于广州汇金乾方家业传承研究院

参考文献

[1] 王安. 教训[M]. 北京：三联书店，1986.

[2] 王云秀. 家族企业的管理哲学——以王安电脑公司的破产为例[J]. 企业管理，2007(7).

[3] 戴谜，蔡淑君. 王安电脑公司衰败的原因分析[J]. 管理，2010(12).

[4] 鲍川运. 成功的教训——“电脑大王”王安自传《教训》[J]. 经营与管理，1987(4).

[5] 张静. “电脑大王”王安：从巅峰到没落[N]. 商海春秋，2007(3).

[6] 侯杉鑫. 山西民营企业家素质培育问题研究[D]. 太原：山西财经大学，2015.

[7] 陈喆. 山西海鑫钢铁集团发展战略研究[D]. 武汉：武汉科技大学，2010.

[8] 陈爽. 我国家族企业突发性危机情势下的传承问题研究[D]. 上海：华东师范大学，2010.

[9] 郑敏. 我国家族企业代际传承之子承父业模式研究[D]. 湘潭：湘潭大学，2010.

[10] 陈咏英. 股利分配政策探讨——基于福耀玻璃股利分配案例的思考[J]. 财会通讯，2010(5)：119-120.

[11] 曹德旺. 心若菩提[M]. 北京：人民出版社，2015.

[12] 陈咏英. 股利分配政策探讨——基于福耀玻璃股利分配案例的思考[J]. 财会通讯，2010(5)：119-120.

[13] 侯曙光. 我国企业应诉国外反倾销的对策探析——以福耀玻璃集团为例的思考[J]. 福建论坛(人文社会科学版)，2007(2)：26-28.

[14] 曾晓燕. 福耀玻璃反倾销案对我国应对国际贸易摩擦问题的启示[J]. 福州党校学报，2012(1)：37-41.

[15] 中国民营经济研究会家族企业委员会. 中国家族企业传承报告[M]. 北京：中信出版社，2015.

[16] 中国民营经济研究会家族企业委员会. 中国家族企业发展报告[M]. 北京：中信出版

社，2011.

[17] 周枝田，夏洪胜. 垂直一体化的成功范例——台塑集团个案分析[J]. 企业管理，2006(8)：56-58.

[18] 田丽，王捷，林锦国. 浅谈我国企业如何进行企业内部信息化改革——台塑集团成功导入 ERP 的案例分析[J]. 市场论坛，2004(3)：52-54.

[19] 苗淼. 看看“永续经营”的股权设计[J]. 科技与企业，2010(8)：35-37.

[20] 李秀娟. 从杨协成的兴衰看家族企业[J]. 东方企业文化，2005(10)：9-14.

[21] 崔志鹰. 海外成功的华人企业家——记新加坡杨协成有限公司主席杨至耀[J]. 文史杂志，1993(2)：5-6.

[22] 戴日新. 八十八年的创业——记新加坡杨协成有限公司[J]. 今日中国：中文版，1989(6)：18.

[23] 高媛，项润. 扬协成：家族经营风雨七十年[J]. 商界，2000(3)：23-24.

[24] 陈清泰，蒋黔贵，赵纯均. 新希望成功之道[M]. 北京：机械工业出版社，2012.

[25] 李冰，王立新. 浅谈新希望集团的经营管理模式[J]. 饲料工业，2005(9)：47-49.

[26] 樊建锋，田志龙. 转型时期中国企业的战略演变及其动因分析——以新希望集团为例[J]. 软科学，2010，24(7)：101-105.

[27] 梁守勋，李少宇，罗仲平，等. 新希望集团的发展轨迹[J]. 天府新论，2000(2)：43-47.

[28] 周锡冰，赵丽蓉，周斌，等. 家族企业长生不衰的秘密[M]. 北京：中国经济出版社，2012.

[29] 裴蓉，王勇，艾凤义. 家族企业原理[M]. 北京：北京理工大学出版社，2013.

[30] 韩良. 家族信托法理与案例精析[M]. 北京：中国法制出版社，2015.

[31] 吴嵋山. 动态股权分配方案设计[J]. 上海管理科学，2002(3)：52-54.

[32] 李雪松. 李锦记四代家族传承宝典[J]. 中外管理，2014(3)：60-62.

[33] 李新春，何轩，陈文婷. 战略创业与家族企业创业精神的传承——基于百年老字号李锦记的案例研究[J]. 管理世界，2008(10)：127-140.

[34] 邹锡兰，许社功，陈文娟. 无限极：“三个五”延续李锦记百年基业[J]. 中国经济周刊，2009(41)：54-55.

[35] 马艳秋. 香港家族企业治理案例研究——以恒地集团(H 集团)和李锦记集团为例[D].

北京交通大学，2010.
[36] 赵峰. 罗斯柴尔德家族传[M]. 北京：言实出版社，2015.
[37] 吉喆. 解密罗斯柴尔德家族[J]. 博览群书，2011(8)：55-59.
[38] 田朴珺. 罗斯柴尔德家族是怎么“富过八代”的[J]. 精神文明导刊，2015(12)：61.
[39] 齐二石，程文明. 丰田生产方式评价指标体系的建立及其应用研究[J]. 科学与技术管理，2005.
[40] 胡思勇. 丰田公司的“兵法”[J]. 网络与信息，1994(10)：49.
[41] 肖纯. 日本丰田公司的“小气”[J]. 高中生：职教与就业，2011(12)：29.
[42] 英才杂志社. 全球顶级家族企业真相[M]. 合肥：安徽人民出版社，2012.
[43] 中国民营经济研究会家族企业委员会. 中国家族企业社会责任报告[M]. 北京：中信出版社，2013.
[44] 郑宏泰，周文港. 华人家族企业传承研究[M]. 北京：东方出版社，2013.
[45] 刘晓丹. 明清家训家规文化及对现代家庭教育的影响[D]. 哈尔滨：哈尔滨工程大学，2010.
[46] 章登庆. 企业文化建设落地研究[D]. 北京：首都经济贸易大学，2006.
[47] 袁勋. 儒家文化对韩国大企业集团的影响研究[D]. 济南：山东大学，2014.
[48] 艾亮. 企业文化建设研究[D]. 天津：天津大学，2012.
[49] 郝亚飞，李紫烨. 中国古代家风建设及当代启示[J]. 河北大学学报(哲学社会科学版)，2015(1).
[50] 康雁冰. 论家风的实质及发展价值[J]. 教育与教学研究，2015(12).